Daily Philosophy

왜 당신은 태도가 아니라 인생을 탓하는가
"Why do you blame life instead of attitude?"

프롤로그

"철학을 품는 순간, 당신의 인생은 더 이상 실패할 수 없다."

인생이 산산조각 나면 누구나 깨닫게 되는 세 가지 진실이 있다.

첫째, 상황 탓, 남 탓을 해봐야 소용없다.
둘째, 이 위기에서 나를 구할 사람은 결국 나다.
셋째, 내 인생은 지금 이 순간부터 완전히 달라질 수 있다는 사실이다.

흔히 어려움은 우리를 성장시키는 도구라 한다. 이를 통해 고통에서 벗어나 원하는 삶을 살 수 있다고도 말한다. 하지만 정말 모두가 어려움을 발판 삼아 원하는 삶을 쓸고 있을까? 주변을 조금만 살펴보도 알 수 있다. 대부분은 같은 자리에 주저앉고, 소수만이 삶을 개척한다. 그 차이를 만드는 힘은 무엇일까.

바로 이 순간 '철학'이 문을 두드린다. 철학은 두 번 다시 같은 고통 속에서 헤매지 않도록 돕는 삶의 기술이자 통찰이다.

그 손길을 붙잡는 순간, 과거를 통찰했던 철학자들의 지혜가 내 삶에 깃든다. 무엇을 내려놓고 무엇을 붙들어야 하는지, 어디에서 애쓰지 말고 어디에 힘을 쏟아야 하는지 분별하게 된다. 그때 깨닫는다. 철학이라는 딱딱한 이름 속에 사실은 삶과 죽음을 가로지르는 불빛이 숨어 있다는 것을. 깜깜한 바다에서 길 잃은 배를 인도하는 등대처럼, 철학은 삶의 방향을 비춘다.

나는 실제로 철학이 삶을 바꾸는 힘을 목격했다. 그것은 지적 유희가 아니었다. 철학은 나를 더 나답게 만들었고, 관계에서 불필요한 소모를 줄였으며, 나의 일과 사유를 깊고 단단하게 만들어줬다. 철학이 없던 시절, 나는 타인의 시선과 환경에 쉽게 흔들렸고, 순간적인 감정에 내 삶을 맡겨 버렸다. 그러나 철학을 배우고 쓰고 나누면서, 나는 더 이상 외부의 풍랑에 흔들리지 않는 배처럼 살아갈 수 있게 되었다.

이 책은 그런 철학의 힘을 가장 직접적으로 느낄 수 있도록 쓰였다. 학문적 해설이나 교양 지식을 나열하는 책이 아니다. 삶의 현장에서 곧바로 적용할 수 있는 메시지를 담았다. 지금 이 책을 집어든 당신은 아마도 바쁜 일상 속에서 갈피를 잃었거나, 같은 실수를 반복하며 답답해하고 있을 것이다. 혹은 관계에 지쳐 스스로를 붙잡을 기준이 없어 흔들리고 있을지도 모른다. 이 책은 바로 그런 독자를 위한 책이다. 추상적 개념이 아니라 오늘의 삶에서 즉시 쓸 수 있는 철학의 도구를 건네고자 한다.

생각해 보라. 인생에서 위기는 피할 수 없다. 그러나 철학이 있는 사람은 위기를 다르게 본다. 단순한 고통이 아니라, 자신을 단단하게 만드는 과정으로 받아들인다. 철학 없는 사람은 같은 문제 앞에 좌절하지만, 철학 있는 사람은 같은 문제 속에서 성장한다. 결국 차이를 만드는 건 외부 환경이 아니라, 그것을 해석하고 대처하는 내적 힘이다. 철학은 바로 그 힘을 키우는 훈련이다.

철학은 단순히 '생각하는 힘'이 아니라 '사는 힘'이다. 고대 철학자들이 철학을 '삶의 훈련'이라 부른 이유도 여기에 있다. 이 훈련을 거친 사람만이 고난 속에서 웃을 수 있고, 유혹 앞에서 흔들리지 않으며, 마지막 순간에도 자기 삶을 사랑할 수 있다. 철학은 결국 삶의 품격을 결정하는 기준이다.

이 책은 단순한 철학 해설서가 아니다. 철학자들의 문장을 빌려 당신의 삶을 다시 세우도록 돕는 책이다. 나는 수많은 철학자 중에서도 현재 삶에 직접 적용할 수 있는 목소리를 엄선

했다. 시대와 문화를 넘어 공통의 메시지를 남긴 그들의 사유는 곧바로 오늘 우리의 삶을 관통한다.

당신이 이 책에서 모든 것을 가져가지 못해도 괜찮다. 단 세 명의 철학자가 남긴 메시지만 붙들어도 당신의 삶은 확연히 달라질 것이다. 지금껏 같은 문제에 주저앉게 했던 굴레를 벗고, 새로운 선택과 행동을 시작하게 될 것이다. 그 변화는 결코 추상적이지 않다. 더 단단한 관계, 더 명료한 일의 기준, 더 자유로운 내적 평온으로 구체적으로 드러날 것이다.

철학 없는 삶은 결국 남이 쥐여준 각본을 연기하는 인생일 뿐이다. 당신은 박수조차 받지 못할 연극에 평생을 소모할 것인가. 아니면 철학이라는 도구로 각본을 고쳐 쓰고, 진짜 무대 위에 오를 것인가. 철학 없는 삶은 반드시 실패한다. 그러나 철학을 품는 순간, 당신의 인생은 더 이상 실패할 수 없다.

| 차례 |

프롤로그　　3

랄프 월도 에머슨 Ralph Waldo Emerson
100년이 흘러도 절대 신뢰를 못 얻는 인간유형　　14

에드먼드 버크 Edmund Burke
'당신 따위'가 만들어 낼 수 있는 거대한 가능성　　17

마르쿠스 툴리우스 키케로 Marcus Tullius Cicero
모든 사람이 동의한다고 해서 그것이 진리는 아니다　　21

알베르트 슈바이처 Albert Schweitzer
잘 기억하는 일만큼 잘 잊는 일도 중요하다　　25

게오르크 빌헬름 프리드리히 헤겔 Georg Wilhelm Friedrich Hegel
이성과 열정의 균형이 만드는 상승기류　　28

슬라보예 지젝 Slavoj Žižek
정작 갖고 나면 사라지는 욕망의 아이러니　　31

헨리 데이비드 소로우 Henry David Thoreau
안정적인 삶은 어쩌면 절망적인 삶일지도 모른다　　34

알베르 카뮈 Albert Camus
우리가 진짜 원하는 관계란 바로 이런겁니다　　37

루트비히 비트겐슈타인 Ludwig Wittgenstein
정신 세계가 좁은 사람은 뭐든 다 아는 척한다　　40

키티온의 제논 Zeno of Citium
경청의 3단계: 온 몸으로 경청하고 충동을 조절하라　　45

한나 아렌트 *Hannah Arendt*
부드러운 미소로 날 폭행하는 선인들의 악행 … 48

루키우스 안나이우스 세네카 *Lucius Annaeus Seneca*
3초의 분노가 30년 신뢰를 무너뜨린다 … 51

프리드리히 니체 *Friedrich Nietzsche*
니체와 함께 신을 죽여라, 그리고 다시 창조해라 … 55

칼 세이건 *Carl Sagan*
쏟아지는 별빛 속에서 인간은 어떤 존재인가 … 59

아인 랜드 *Ayn Rand*
현실을 회피한 겁쟁이들의 처참한 최후 … 62

요한 볼프강 폰 괴테 *Johann Wolfgang von Goethe*
책 100권을 읽지말고 1가지 깨달음으로 100일을 살아라 … 65

보에티우스 *Boethius*
감옥에 갇힌 사형수 귀족이 남긴 마지막 한 마디 … 69

존 듀이 *John Dewey*
경험은 많은데 미성숙한 사람들이 간과한 '이것' … 72

카를 구스타프 융 *Carl Gustav Jung*
당신의 인생이 풀리지 않는 진짜 이유와 해결법 … 76

아르투어 쇼펜하우어 *Arthur Schopenhaue*
온 세상이 내 아이디어를 비웃을 땐 이렇게 대답하라 … 80

윤동주 *Yun Dong-ju*
아이유의 외할머니, 윤동주의 빼앗긴 조국 … 84

시몬 크리틀리 Simon Critchley
죽음을 두려워하는 자, 삶을 깊이 사랑할 수 없다 87

윌리엄 제임스 William James
하버드 의대를 졸업한 심리학자의 원칙: 흘려보내라 90

토마스 네이글 Thomas Nagel
타인을 이해하는 데에는 몰입이 필요하다 94

틱낫한 Thich Nhất Hạnh
사랑이란 그 사람을 위한 바람이 되어주는 일이다 98

칼릴 지브란 Kahlil Gibran
돌아오면 내 것, 안 돌아오면 내 것이 아닌거다 101

한용운 Han Yong-un
'떠남'이 곧 '만남'이 되는 놀라운 인연의 미학 105

이순신 Yi Sun-sin
전쟁 같은 인생을 승리로 바꿔내는 방법: '이순신다움' 108

순자 Xunzi
세상은 당신의 불편을 고려해 주지 않는다 112

장자 Zhuangzi
호접몽의 비화: 나는 나비인가? 인간인가? 115

노자 Laozi
지식이 깊은 사람일수록 말을 적게 한다 118

묵자 Mozi
불평 많은 사람이 꼭 배워야 하는 단 한가지 스킬 121

공자 Confucius
세상의 모든 관계를 자신을 연마하는 장으로 만들어라   124

퇴계 이황 Yi Hwang
뚜껑을 부숴버린 훌륭한 벼룩이 되어라   127

율곡 이이 Yi I
율곡 이이 48년 인생을 세 글자로 요약하면 바로 '이것'   131

달라이 라마 Dalai Lama
도대체 당신의 고통은 어디서 비롯되었는가?   134

조지프 캠벨 Joseph Campbell
영웅이 반드시 마주하는 3가지 동굴   137

지두 크리슈나무르티 Jiddu Krishnamurti
병든 사회에 잘 적응하는 사람은 병든 사람이다   142

데시데리우스 에라스무스 Desiderius Erasmus
작은 무리 안에서 왕이 되는 것에 만족하지 마라   146

볼테르 Voltaire
상식이 없는 사람에게는 설명조차 해주지 마라   149

카를 포퍼 Karl Popper
모른다고 말하는 사람이 더 많이 배운다   153

싯다르타 가우타마 Siddhartha Gautama
마음을 순수하게 정화할 때 생기는 기적 같은 일   156

루트비히 포이어바흐 Ludwig Feuerbach
매일 삼키는 쓰레기가 당신의 인생을 결정한다   159

스와미 비베카난다 Swami Vivekananda
하루 10분, 인생을 바꾸는 가장 위대한 대화 162

C.S. 루이스 C. S. Lewis
40대·50대·60대, 인생을 뒤집은 사람들의 공통점 165

존 스튜어트 밀 John Stuart Mill
괴짜라 불린 사람들만이 인류를 움직였다 169

에픽테토스 Epictetus
내 힘으로 바꿀 수 없는 일에 단 1초도 쓰지 마라 173

블레즈 파스칼 Blaise Pascal
남이 준 답은 쉽게 잊히고, 내가 찾은 답은 평생 간다 176

한비자 Han Fei
이익 앞에서 의리도, 가족도, 정情도 무너진다 180

안창호 Ahn Chang-ho
당신이 지켜온 신념은 결코 헛되지 않다 184

안중근 Ahn Jung-geun
위험을 피하면 생존이지만, 직면하면 존엄이 된다 187

정약용 Jeong Yak-yong
모두의 이익을 함께 고려한 사람이 끝내 잘된다 190

김구 *Kim Gu*
불가능에 도전하지 않으면 불가능은 영원히 남는다 193

이어령 *Lee O-young*
학력과 자격증으로는 절대 지성인이 될 수 없다 196

장 자크 루소 *Jean-Jacques Rousseau*
사슬 해체법: 묶여있으면서 자유로운 척하지 마라 199

대니얼 데닛 *Daniel Dennett*
뇌가 만든 환상: "나는 원래 이런 사람이야" 203

마사 누스바움 *Martha Nussbaum*
행복은 소유가 아니라, 발휘할 수 있는 능력이다 206

피터 앨버트 데이비드 싱어 *Peter Albert David Singer*
점심 한 끼 값으로 누군가의 생명을 구하는 방법 209

미셸 드 몽테뉴 *Michel de Montaigne*
승진, 성과, 소유에도 갈증이 더 커지는 이유 213

아우구스티누스 *Aurelius Augustinus*
과거에 묶이고, 미래에 달아나며, 오늘을 잃어버린 인간들 216

에필로그 220

Ralph Waldo Emerson
랄프 월도 에머슨

100년이 흘러도 절대 신뢰를 못 얻는 인간유형

"동물은 말한 곳으로 그냥 가지만, 사람은 말해놓고 꼭 다른 곳으로 간다."

우연히 들은 한 강의에서 이 말은 내 뇌리에 깊이 새겨졌다. 인간은 언어를 통해 말할 수 있다는 축복을 받았지만, 말을 지키는 사람이 극히 드문 불행한 종족이라는 뜻이었다. 우리가 얼마나 모순적인 존재인지 한참을 고찰한 후에야 '큰 목소리'가 가지는 의미를 알게 되었다. 사람들은 자신만의 특색을 추구한다고 하면서도 유행을 좇거나 외부 시선을 의식하느라, 정작 자신이 처음 가고자 했던 길을 잃고 있다. 이런 현상에 대해 깊은 고찰을 했던 사상가 랄프 월도 에머슨은 이렇게 말했다.

"당신의 행동이 너무 큰 목소리로 말하고 있어서, 당신이 무슨 말을 하는지 들리지 않는다."

"What you do speaks so loudly that I cannot hear what you say."

19세기 미국을 대표하는 사상가이자 시인이었던 랄프 월도 에머슨은 '철학이 행동'이 되어야 한다고 강조했다. 즉, 말이 아닌 행동이야말로 철학의 증거라고 본 것이다. 특히 그가 살았던 시대는 노예제, 산업화, 종교적 억압이 뒤엉킨 격변기였기에, 인간의 말과 행동이 얼마나 쉽게 괴리되는지를 누구보다 절실히 체험한 그였다. 말은 누구나 할 수 있지만, 그 말에 부합하는 행동은 아무나 할 수 있는 것이 아니다. 우리는 하루 종일 무언가를 '말'한다고 생각하지만, 실제 '행동'으로 이어가지는 못한다. 이러한 모습의 가장 큰 문제점은, 결국 누구도 나의 말을 믿지 않게 된다는 것이다. 말과 행동이 다른 사람을 신뢰하기란 거의 불가능하기 때문이다.

'그럼 당신은 한 말을 그대로 다 지키며 살아요? 생각이 변할 때도 있잖아요.'

물론 그럴 수 있다. 또한, 처음 세운 목표가 수정되거나 변경될 수도 있다. 그것이 반드시 나쁜 것만은 아니다. 방향을 조정하는 것은 유연한 삶의 태도이며, 오히려 더욱 의미 있는 변화를 창출할 수 있는 기회다. 하지만 방향이 바뀌는 것과 '본질' 자체가 변하는 것은 엄연히 다른 문제다. 빈번히 방향을 바꾸다 보니 처음 했던 '왜 이 길을 걷기 시작했는가?'라는 질문을 머릿속에서 지워버리는 것이다. 어떤 이는 내적 성취를 위해 예술을 시작하지만, 어느 순간부터 '인정'에만 매달리는 경우도 있다. 열정이 식은 것이 아니라, 목표의 핵심인 '본질'을 놓친 것이다. 이렇게 껍데기만 남는 순간, 말과 행동은 어긋나기 시작한다.

해답은 명료하다. '끊임없는 자기 점검'이다. 본질을 잃지 않으려면 매일 스스로에게 질문을 던져야 한다. 이 일을 왜 시작했는가? 지금, 이 선택은 나의 바람과 부합하는가? 반복되는 행동 뒤에는 어떤 감정이 숨어 있는가? 말과 행동의 괴리를 감지하려는 의식적인 노력만이, 우리를 본래의 궤도로 되돌릴 수 있다.

결국 삶의 본질은 말이 아닌 행동에 있다. 그 행동이 본질과 조화를 이룰 때, 비로소 진정한 힘을 발휘하게 된다. 언변으로는 누구나 그럴듯하게 포장할 수 있다. 그러나 살아있는 언어는 행동으로만 증명된다. 그 행동이 곧 철학이 되어, 삶을 설계하는 기반이 된다는 점을 잊지 말자. 우리는 지금, 무엇을 이야기하고 있는가? 아니, 우리는 진정 무엇을 '실천'하고 있는가?

Edmund Burke
에드먼드 버크
'당신 따위'가 만들어 낼 수 있는 거대한 가능성

    2013년, 스웨덴의 한 16세 소녀가 홀로 국회의사당 앞에 섰다. 매주 금요일마다 등교를 거부하며, 손에는 "기후를 위한 학교 파업"이라 적힌 팻말을 들었다. 처음에는 그 누구도 관심을 두지 않았다. 그러나 그 작은 외침은 점차 사람들의 마음을 움직여, 전 세계 수백만 청소년이 함께하는 'Fridays for Future'라는 거대한 환경 운동으로 확산되었다. 그 주인공은 바로 '그레타 툰베리'였다. 툰베리는 어른들조차 외면했던 기후 위기의 심각성을, 홀로 외치며 행동으로 옮겼다. 그녀는 권력자도, 과학자도 아닌, 그저 평범한 청소년에 지나지 않았다. 하지만 이 평범한 청소년이 어쩌면 어른들보다 훨씬 더 깊이 세상을 통찰하고 있었는지도 모른다. 그리고 지금, 툰베리는 세계에서 가장 영향력 있는 환경 운동가이자 청소년 리더로 평가받으며, 시대의 양심을 상징하는 인물로 자리 잡았다. '작은 행동이 큰 변화를 이루낼 수 있다'는 믿음이 세계적인 변화를 이끄는 원동력이 된 것이다.

"자신이 조금밖에 할 수 없다는 이유로 아무것도 하지 않은 사람보다 더 큰 잘못을 저지른 이는 없다."

"No one has done more wrong than a man who has done nothing just because he can do a little."

영국 보수주의의 사상적 기초를 세운 인물이자 철학자인 에드먼드 버크는 작은 행동을 저버리는 인간의 태도에 대해 깊이 경계했다. 보수주의 철학을 확립했음에도, 그는 급진적인 변화를 외면하지 않았다. 오히려 그는 변화의 흐름 앞에서 아무것도 하지 않는 '무행동'이야말로 가장 큰 잘못이라고 역설했다.

실제로 삶의 개선, 사회의 변화, 자기 혁신을 갈망하면서도 쉽게 포기하는 이들이 많다. '이 정도로 뭐가 바뀌겠어', '내가 뭘 안다고', '괜히 시작했다가 비웃음만 사겠지' 하는 마음이 스며드는 순간, 변화는 시작되기도 전에 사라지고 만다. 변화는 대개 회의감이 아니라, 자신과의 타협 속에서 무너지기 때문이다. 그렇게 삶은 아무것도 변하지 않은 채 다시 출발선으로 되돌아온다.

변화라는 것은 말처럼 쉬운 게 아니다. 특히 기존의 삶의 규칙을 열심히 따르던 사람일수록, 변화는 자신이 가진 대부분을 내려놓아야 하는 결단과 같다. 하지만, 변화를 지나치게 거창하게 생각하는 것은 아닌지 되돌아볼 필요가 있다. 툰베리의 말을 되새겨보면 더욱 그렇다.

"바로 여기, 바로 여기가 우리가 선을 긋는 곳입니다."

그녀에게 변화는 그저 여기에서 시작하는 일일 뿐이다. 반대로 우리는 변화를 단순하게 받아들이지 않는다. 변화를 떠올리면 '내가 틀리면 어쩌지?', '이건 내려놓기 아까운데' 같은 생각에 사로잡히는 것이다. 어른들보다 아이들이 변화에 거부감 없는 게 바로 이 때문이다. 하지만 이는 나약한 마음이 하는 비겁한 변명일 뿐이다. '언젠가, 어쩌다, 누군가 대신해 주겠지'와 같은 말은 변화를 미루는 환상에 불과하다. 바뀌어야 한다는 걸 인식했다면 지금, 여기에서, 할 수 있는 최선을 다하면 된다. 중요한 것은 변화를 선택하고 의지를 이어가는 지속성이다. 작은 구멍이 댐을 무너뜨린다는 말이 있듯, 물은 작은 틈을 비집고 스며들며, 시간은 그 균열을 더욱 벌린다. 변화는 그렇게 서서히 자라난다.

우리는 거대한 결단으로만 변화가 이루어진다고 믿는다. 그러나 진정한 변화는 언제나 하찮게 보이는 작고 사소한 실천에서 비롯된다. 기후 운동의 시작, 인권운동의 불씨, 철학의 한 시대를 열었던 통찰조차, 그 처음은 한 사람의 확신이었다. 그러니 다시 생각해 보자. 내가 할 수 있는 일이 너무 작아서 아무것도 하지 않는 것만큼 어리석은 일은 없다. 진정한 실수는 '작은 시작'을 미루고, '완벽한 타이밍'만을 기다리는 것이다. 그러니 변화를 드라마틱하게 생각하지 말자. 오늘의 작고 불완전한 한 걸음이, 내일 거대한 물결이 되는 법이다.

Marcus Tullius Cicero
마르쿠스 툴리우스 키케로

모든 사람이 동의한다고 해서 그것이 진리는 아니다

아마존 창업자 제프 베조스가 안정된 직장을 버리겠다고 결심했을 때, 주위 사람들은 고개를 저었다. 그는 뉴욕의 헤지펀드D.E. Shaw에서 잘 나가던 30세의 직원이었고, 연봉도 직함도 충분히 보장된 상태였다. 제프 베조스가 상사에게 온라인 서점 아이디어를 전했을 때, 상사는 센트럴파크를 함께 걸으며 이렇게 말했다.

"좋은 아이디어야. 하지만 그건 자네처럼 이미 안정된 자리에 있는 사람보다 아직 가진 게 없는 이에게 더 어울리지 않겠나."

당시 다수의 사람은 인터넷을 믿지 않았고, 책을 온라인으로 산다는 발상은 허황되게 들릴 수밖에 없었다. 그러나 제프 베조스는 고개를 끄덕이지 않았다. 작은 사무실 벽에 'Amazon'이라 쓴 종이를 붙이고 직접 책을 포장하고 우체국에 날라다 주며 사업을 시작했다. 그를 움직인 건 이 질문이었다.

"내가 80세가 되어 돌아봤을 때, 해보지 않은 길이 더 큰 후회로 남지 않을까?"

다수의 확신보다, 한 사람의 질문이 더 무겁게 다가온 순간이었다.

"모든 사람이 동의한다고 해서 그것이 진리는 아니다."
"What everyone agrees upon is not necessarily the truth."

로마의 정치가이자 철학자인 키케로Marcus Tullius Cicero, B.C.106~43는 이 문제에 대해 누구보다 일찍 경고했다. 그는 스토아 철학의 영향을 받아, 법과 정의는 다수의 동의가 아니라 자연법natural law과 이성적 덕virtus에서 비롯되어야 한다고 주장했다. 단순히 사람들이 믿는다고 해서 그것이 곧 옳은 길이 될 수는 없다는 것이다. 키케로의 철학은 훗날 '다수의 횡포tyranny of the majority'라는 개념과도 맞닿아 있다. 다수가 힘을 가질 때 오히려 소수의 권리와 정의가 짓밟힐 수 있다는 경고였다. 그는 시민이 무비판적으로 동조하기보다, 끊임없이 의문을 던지고 이성으로 걸러낼 때 사회가 바르게 선다고 믿었다. 그러나 현실에서 집단의 동의는 논리보다 더 큰 안도감을 준다. 혼자가 아니라는 착각이 판단을 덜 외롭게 만들기 때문이다. 하지만 바로 그 지점에서 사고는 멈춘다. "다들 그렇게 하잖아", "원래 그런 거지"라는 말이 질문을 지워버리고, 새로운 길을 차단한다.

제프 베조스의 선택과 키케로의 철학 사이에는 공통된 패턴이 있다.

첫째, 다수의 믿음은 안정감을 주지만 진리를 담보하지 않는다. 사람들이 고개를 끄덕이는 순간, 그건 종종 사고의 중단이자 무비판적 습관일 뿐이다.

둘째, 진정한 변화는 질문에서 시작된다. 제프 베조스가 사업을 시작하게 된 계기는 "80세의 내가 후회할 선택은 무엇일까?"라는 자기 질문 덕분이었다.

셋째, 혁신은 소수의 목소리에서 자란다. 당시 대부분은 인터넷을 무시했지만, 제프 베조스 같은 소수가 던진 의문이 결국 다수의 무지를 흔들었다.

결국 메시지는 명확하다. 다수결은 필요하지만, 그것이 곧 진리는 아니다. 다수가 고개를 끄덕이는 순간에도 개인은 질문을 멈추지 말아야 한다.

이제 당신에게 묻겠다. 회사에서, 혹은 일상에서 "원래 다들 그렇게 해"라는 말에 무심코 고개를 끄덕인 적은 없는가? 그 순간 스스로 던져야 할 질문은 단순하다.

"왜 그래야 하지?"

키케로가 말한 진실은 바로 여기서 시작된다. 제프 베조스는 다수가 보장한 안전을 거절하고 불확실성 속으로 들어갔다. 그 작은 사무실에서 시작한 도전은 결국 전 세계가 매일 이용하는 글로벌 기업, 아마존Amazon으로 성장했다. 그러나 그는 단순히 회사를 세운 것이 아니라, 다수가 당연하다고 여긴 생각의 틀을 넘어선 상상력을 증명한 것이다. 우리 또한 다수가 옳다 여기는 '진리 앞'에서 질문해야 한다. 그 작은 질문이 삶을 흔들고, 결국 새로운 길을 연다. 다수가 믿는 순간에도, 진리를 발견하는 힘은 오직 당신의 질문에서 비롯된다. 그리고 그 질문을 붙드는 사람만이, 남들이 미처 상상하지 못한 내일을 만들어낼 수 있다.

Albert Schweitzer
알베르트 슈바이처

잘 기억하는 일만큼
잘 잊는 일도 중요하다

가끔 이런 상상을 해본다.

"내가 본 것은 절대로 잊지 않는 능력이 있다면 얼마나 행복할까?"

만약 이런 능력이 있다면 시험공부를 단숨에 끝낼 수도 있고, 사랑하는 사람과의 대화 하나하나를 완벽히 기억할 수도 있을 것이다. 그러나 현실은 이와 다르다. 가까운 사람의 번호와 생일을 잊고, 아껴두었던 크림 브륄레는 몇 주 뒤 냉장고 구석에서 발견되곤 한다. 놀랍게도 알베르트 슈바이처는 이러한 '망각'을 삶에 필수적인 요소로 보았다.

"행복은 좋은 건강과 나쁜 기억력일 뿐이다."

"Happiness is nothing more than good health and a bad memory."

슈바이처가 활동하던 시기는 식민지와 전쟁, 사회적 혼란이 겹친 격동의 시대였다. 의사이자 철학자, 오르간 연주가였던 그는 아프리카 오지에서 의료 활동을 펼치며 '생명 경외 사상'을 전파했다. 모든 생명을 존중하고 고통을 경감하는 것이 인류의 나아갈 길이라는 그의 신념은 하나의 사실로 귀결된다. 과거의 상처에 갇힌 사람은 타인의 고통을 보살필 여유조차 잃게 된다는 것. 그렇기에 행복을 위해서는 잊어야 할 것을 내려놓는 용기가 필요하다고 그는 주장했다.

실제로 2006년 뇌과학 학술지 《뉴로케이스》에는 전 세계에서 80여 명만 보고된 '과잉 기억 증후군' 환자의 사례가 실렸다. 한 환자는 자신에게 일어났던 일을 단 하루도 빠짐없이 기억해 냈다. 하지만 완벽한 기억력이 곧 행복을 보장하지는 않았다. 기억은 사실 그대로 남아 불필요한 감정의 찌꺼기를 계속 떠올리게 했고, 그것은 그녀를 괴롭혔다. 잊을 수 없다는 것은 곧 고통을 지울 수 없다는 의미였다. 이처럼 '망각'은 단순한 기능이 아닌, 인간이 정신적 건강을 유지하기 위한 필수 장치다.

회사에서 실수한 일을 며칠이고 곱씹으며 괴로워하기보다, 빠르게 잊고 새로운 마음으로 다시 업무에 임하는 것이 좋다.

관계에서 했던 사소한 말실수를 자책하기보다, 대화를 통해 풀거나 그냥 흘려보내는 편이 좋다. 과거에 묶이면 현재를 갉아먹지만, 털어내면 새로운 에너지가 생긴다. 결국 중요한 것은 기억을 '지우는 것'이 아니라, 감정의 찌꺼기를 '덜어내는 것'이다. 이것이야말로 행복을 위한 망각이다.

물론, 망각이 언제나 선한 것은 아니다. 되풀이해서는 안 될 잘못과 반드시 기억해야 할 교훈마저 지워버린다면, 우리는 같은 실수를 반복할 것이다. 하지만 슈바이처가 강조한 것은, 무엇을 간직하고 무엇을 내려놓을지를 분별하는 힘이다. 삶을 괴롭히는 과거의 상처를 끝까지 붙든다고 해서 반드시 성숙해지는 것은 아니다. 오히려 그것은 내일을 향한 발걸음을 가로막는 족쇄와 같다.

망각은 책임을 피하는 게 아니라, 더 나은 내일을 위한 준비다. 우리가 붙들고 있는 기억이 언제나 진실이나 정의로 이어지는 것은 아니다. 행복은 모든 것을 기억하는 데 있지 않고, 오히려 기억과 망각 사이의 균형을 배우는 데 있다. 망각은 단순히 과거를 지우는 행위가 아니라, 내일을 위한 여백이다. 여백이 없으면 새 그림을 그릴 수 없듯, 망각이 없으면 새로운 삶도 시작되지 않는다.

Georg Wilhelm Friedrich Hegel
게오르크 빌헬름 프리드리히 헤겔
이성과 열정의 균형이 만드는 상승기류

우리는 일상 안에 '이성'과 '열정'이라는 두 모습이 공존해야 함을 알고 있다. 하지만 이 두 단어는 마치 N극과 S극처럼, 가까워지려 할수록 더욱 멀어지려 한다. 이를 잘 보여주는 작품이 바로 소설《냉정과 열정 사이》가 아닐까. 이는 일본 작가 '츠지 히토나리'와 '에쿠니 가오리'가 연인의 시선을 각각 남녀의 시각으로 담아낸 2부작 소설이다. 두 작가는 하나의 이야기를 각기 다른 시선으로 풀어내면서도, "사랑은 냉정과 열정 그 어느 한쪽으로도 치우칠 수 없으며, 그 사이에서 비로소 진정한 사랑이 싹튼다"라는 주제를 공유했다고 한다. 이 작품은, 사랑이란 냉정과 열정 그 어느 한쪽에만 머물 수 없으며 그 사이에서만 비로소 유지된다는 메시지를 우리에게 전한다.

독일 철학자 헤겔1770~1831은 이성과 열정의 관계를 누구보다 깊이 사유했다. 그는 냉정한 이성의 철학을 다루었지만, 동시에 이렇게 말하기도 했다.

"이 세상에 위대한 것 중 열정 없이 이루어진 것이 없다."

"Nothing great in the world was accomplished without passion."

헤겔은 단순히 열정이 중요하다는 선언에 머무르지 않았다. 그의 철학은 언제나 대립의 긴장을 통한 상승을 강조한다. 즉, 열정만으로는 무질서에 빠지고, 이성만으로는 무기력에 갇히지만, 두 힘이 서로를 부딪치고 보완할 때 더 높은 차원으로 나아간다는 것이다. 이성과 열정은 서로를 억누르는 적대 관계가 아니라, 서로를 지탱하며 발전시키는 동력이다. 실제로 역사를 바꾼 인물들을 보면 지식만으로 위대함을 만든 경우는 없다. 그들은 이성으로 현실을 분석하고, 열정으로 그 현실을 넘어섰다. 이처럼 단순한 계산으로는 새로운 길을 열 수 없고, 맹목적인 열정만으로는 오래 버틸 수 없다. 예를 들어, 이성에 치우친 사람은 늘 계산기를 두드리며 '안전한 선택'만 고집하지만 동시에 새로운 기회도 붙잡지 못한다. 반대로 열정에 치우친 사람은 계획 없이 덤비다가 초반엔 불꽃처럼 빛나지만, 금세 방향을 잃고 지쳐 버린다.

중요한 것은 두 힘을 동시에 점검하는 일이다. 지금 내 열정은 이성이 잡아준 틀 안에서 건강하게 타오르고 있는가? 아니면 방향을 잃고 흔들리고 있는가?

헤겔이 말한 "위대한 것은 열정 없이 이뤄진 적이 없다"는 문장은, 사실상 "위대한 것은 이성과 열정의 충돌과 화해 속에서만 가능하다"는 말과 다르지 않다. 삶을 앞으로 밀어내는 것은 뜨거운 불꽃이지만, 그 불꽃이 타오를 자리를 마련해 주는 것은 차가운 이성이다. 이성 없는 열정은 맹목이 되고, 열정 없는 이성은 무기력이 된다.

그러니 스스로에게 자문해야 한다. 나는 지금 이성과 열정 사이에서 균형을 이루고 있는가? 한쪽으로 과도하게 기울어진 것은 아닌가? 삶을 움직이는 진짜 힘은 두 축이 서로를 끌어올릴 때 비로소 완성된다. 이성과 열정이 만나는 그 지점을 찾아라. 바로 거기서 삶은 가장 뜨겁고도 단단해진다.

Slavoj Žižek
슬라보예 지젝
정작 갖고 나면 사라지는 욕망의 아이러니

한 남자가 있었다. 그는 가정을 꾸렸지만, 동시에 아내 몰래 애인과의 관계를 이어갔다. 애인은 그에게 늘 '금지된 욕망의 대상'이었다. 그는 매일 속으로 다짐했다.

"언젠가 아내와 끝내고, 애인과 새로운 삶을 시작하리라."

그러나 어느 날, 아내가 모든 것을 알고 그를 조용히 떠나버렸다. 이제 그에게 남은 장애물은 없었다. 애인과 함께할 모든 조건이 갖춰진 것이다. 그런데 기이한 일이 벌어졌다. 그토록 갈망하던 애인에 대한 욕망이 삽시간에 사라져 버린 거다. 남자는 깊은 공허에 잠겼다. 그토록 원하던 것을 손에 넣었음에도, 어째서 더 이상 갈망하지 않게 된 것일까? 슬라보예 지젝은 이러한 아이러니를 날카롭게 해부하며, 우리에게 불편한 질문을 던진다.

"지금 당신이 원하는 것은 정말 당신의 욕망인가, 아니면 타인의 시선이 심어준 환상인가?"

"Is what you want now really your desire, or is it the fantasy instilled by the gaze of others?"

지젝은 라캉의 정신분석학, 헤겔의 변증법, 마르크스의 이데올로기 비판을 교차시켜 현대인의 욕망 구조를 분석했다. 그가 말하는 욕망은 단순히 어떤 대상을 소유하려는 마음이 아니다. 욕망은 결핍과 장애물, 그리고 그 주위를 둘러싼 사회적 판타지에 의해 유지된다. 남자가 애인을 갈망한 것도 애인 자체 때문이 아니었다. 아내라는 장벽이 존재했기에, 그 금지가 욕망을 유지시켰던 것이다. 장벽이 사라지는 순간, 욕망은 증발했다. 결국 그가 원한 것은 애인이 아니라, '가지지 못하는 상태'에서 비롯된 판타지였던 셈이다.

이 통찰은 사랑을 넘어 사회 전반에도 적용된다. 우리는 명품을 욕망하지만, 실은 가방 자체가 아닌 그 가방을 소유한 사람에게 주어지는 '사회적 위치'를 욕망하고 있다. SNS 속 반짝이는 타인의 삶을 선망하는 것 또한 마찬가지다. 여행지나 음식 자체보다, "나도 이런 삶을 살고 있다"는 이미지를 갈망한다. 우리가 원하는 직장, 꿈꾸는 집, 사랑한다고 믿는 사람조차 실은 사회적 서사 속에서 각본처럼 주어진 것일 수 있다. 결국 우리가 욕망하는 것은 대상 자체가 아니라, 그 대상을 둘러싼 이야기와 결핍감이다. 그리고 막이 걷히는 순간, 욕망은 흔적 없이 사라진다.

그렇다면 우리는 어떻게 해야 하는가. 지젝은 욕망을 포기하라고 말하지 않는다. 다만 욕망의 가면을 직시하라고 말한다.

"당신의 욕망은 진짜 당신 것이 아니다."

이 말은 냉혹하지만, 동시에 해방의 가능성을 품는다. 우리가 진짜라고 믿은 갈망이 사실은 타인의 시선에서 비롯된 것이라면, 이제는 그것을 벗어던지고 욕망을 새롭게 정의할 수 있지 않을까.

진정한 자유는 욕망을 좇는 데 있지 않다. 욕망을 스스로 재정의하는 데서 비롯된다. 오늘 당신이 욕망하는 것들을 하나 적어보라. 그중 무엇이 타인의 시선 때문에 만들어진 것인지, 그리고 무엇이 진짜 당신의 내면에서 비롯된 것인지 구분해 보라. 그 순간 당신은 욕망의 노예가 아니라, 욕망의 설계자가 된다. 삶은 타인의 무대가 아닌, 당신의 무대에서 다시 시작된다.

Henry David Thoreau
헨리 데이비드 소로우

안정적인 삶은 어쩌면 절망적인 삶일지도 모른다

대부분의 사람은 안정적인 직장, 무난한 인간관계, 예측할 수 있는 미래를 좇는다. 그것이 곧 '편안함'을 주고, 그 편안함이 행복으로 이어진다고 믿기 때문이다. 안전한 삶을 가장 중요하게 여기는 사람들은 삶이 던지는 장애물과 마주하기를 꺼린다. 그러나 현실의 삶은 결코 예측대로 흘러가지 않는다. 매 순간 새로운 사건이 일어나고 그것을 채 붙잡기도 전에 과거가 되어 버린다. 여기서 의문이 든다. 예측 불가능한 삶 속에서, 어떻게 일부 사람들은 능숙하게 '안전한 길'을 선택할 수 있었을까? 그들은 정말 미래를 내다본 것일까?

그 답은 '예측'이 아니라 '회피'에 있다. 예측을 통해 안전한 길을 고른 것 같지만, 실제로는 예측할 수 없는 불안정 요소가 나타나면 외면해 버리는 것이다.

작가, 철학자, 과학자, 사회운동가 등 다채로운 면모를 지니며 미국 전역에 의미 있는 가치를 전파한 헨리 데이비드 소로우는 이러한 상황을 '조용한 절망'이라 칭했다.

"대부분의 사람은 조용한 절망 속에서 삶을 살아간다."
"The mass of men lead lives of quiet desperation."

예측 불가한 일들과 의지와 무관한 사건들은 끊임없이 우리를 자극하고 흔들며, 때로는 예상치 못한 방향으로 삶을 이끈다. 여기서 그는 요동치는 인생에서 오직 안전만을 추구하는 '타협'과 '순응', 곧 회피가 결국 비극적 결말을 초래할 것이라고 경고했다.

물론 "굳이 고통받을 필요가 있을까?"라며 적당히 타협하는 것이 현명한 삶의 방식일지도 모른다. 그러나 매번 타협과 회피를 선택하는 것은 결국 '나'를 포기하는 것과 같다. 처음에는 "이 정도쯤이야"하고 넘기지만, 그것이 쌓이면 어느새 깊은 수렁 속에 빠진 자신을 발견하게 된다.

헨리는 바로 이러한 점을 경고했다. 회피를 거듭하는 동안 우리는 감각과 욕망, 질문을 포기하고, 마침내 자아마저 상실한다. 이것이 그가 말한 '조용한 절망'이다. '조용한 절망'과 '잘 살아가는 것' 사이에는 분명한 차이가 존재한다. 전자는 선택

살아가는 것' 사이에는 분명한 차이가 존재한다. 전자는 선택 없는 맹목적인 순응이고, 후자는 선택에 따른 능동적인 적응이다. 똑같이 체제 안에서 살아가지만, 어떤 이는 끊임없이 자신에게 질문을 던지며 자아를 지켜내고, 어떤 이는 익숙한 틀에 몸을 맞추며 아무런 의심 없이 살아간다. 겉으로는 안정되어 보이지만 속은 텅 빈 삶, 그것이 바로 조용한 절망의 실체다. 어쩌면 '안전'은 가장 위태로운 삶의 모습일지도 모른다.

이제 당신에게 묻고자 한다.
그대는 정말 안전하게 살고 있는가?
아니면, 안전함을 가장한 절망 속에 숨 쉬고 있는가?

선택은 자유지만 하나만 기억해라.
도망치는 자에게 낙원은 없다.

Albert Camus
알베르 카뮈
우리가 진짜 원하는 관계란 바로 이런겁니다

"내 앞에서 걷지 말라, 내가 따르지 않을지도 모른다. 내 뒤에서 걷지 말라, 내가 이끌지 않을지도 모른다. 내 곁에서 함께 걸으며 친구가 되어달라."

"Don't walk in front of me; I may not follow. Don't walk behind me; I may not lead. Walk beside me and just be my friend."

이 문장을 처음 접했을 때, 그 의미를 파악하기 위해 나는 오랫동안 생각에 잠겨야 했다. 사람들과 관계를 맺는 방식은 다양하지만, '걸음의 위치'로 관계를 정의하는 방식은 흔치 않기 때문이다. 알베르 카뮈는 이 모든 것을 거부하고 오직 '옆에서 걷는' 관계만을 선택하라고 말한다.

카뮈는 불합리한 세상 속에서도 삶을 포기하지 않고 '반항하며 살아가야 한다'고 역설한 철학자다. 그는 인간 존재의 부조리함을 인정하면서도, 삶의 의미를 스스로 창조해야 한다고 강조했다. 그가 말한 문장에는 의존이나 지배가 아닌, 주체성과 동행의 균형을 이루며 살아야 한다는 뜻이 담겨있다. 이것은 단순한 관계론을 넘어, '어떻게 살아갈 것인가?'에 대한 철학적 고찰이었다. 이 문장을 정확히 이해하기 위해서는 세 겹의 시간을 거쳐야 한다.

첫째, 누군가의 앞모습을 좇아 걷던 시절이다. 그때 우리는 늘 '누군가처럼' 되고 싶어 했고, 상대의 기준에 맞춰 자신을 평가했다. 그의 발자국은 우리의 지도가 되었고, 그의 속도는 곧 우리의 보폭이 되었다. 좇아가는 것은 쉬워 보이지만, 실은 무거운 기대와 자기부정으로 가득한 여정이다. 그리고 문득 멈춰 섰을 때, 우리는 자신이 누구인지조차 알 수 없게 된다.

둘째, 뒤따르는 누군가를 이끌어야 했던 시절이다. 우리가 앞서 걷는 사람이 되었을 때, 또 다른 무게가 어깨를 짓누른다. 늘 나아갈 방향을 결정해야 했고, 멈춰서는 안 된다는 압박감에 휩싸여 홀로 속도를 내야만 했다. 누군가를 실망시키지 않으려 자신의 리듬을 희생하고, 지속되는 불안함을 느끼며 자신을 갉아먹는다. 이끌고 있다고 믿었지만, 실은 길을 잃었다는 사실을 감추기 위한 몸부림일 뿐이다.

그리고 마침내 경쟁과 기대, 증명으로부터 벗어나 묵묵히 발을 맞추는 사람과 함께 걸을 때 우리는 비로소 관계의 편안함을 느낀다. 굳이 보여주거나 구구절절 설명할 필요 없는 사람과 나란히 걷는 순간 인생의 길은 '도전'이 아니라 '여정'이 된다. 곁에서 함께 걷는 사람 하나만 있어도 인간은 자기 삶을 충분히 버텨낼 수 있다.

현대인은 끊임없이 관계를 맺지만, 정작 동행하는 방법은 점점 잊어가는 듯하다. 앞서가려 애쓰고, 인정받으려 안달하며, 따라오라고 강요한다. 모든 관계가 '성취'라는 언어로 치환되면서, 진정한 위로는 점점 사라져 간다. SNS에는 수많은 연결이 존재하지만, 오히려 외로움은 깊어지고 함께 있어도 고립감은 더욱 커진다. 우리는 어쩌면 '함께 걷는 법'보다 '앞뒤를 재는 법'만 배워온 건 아닐까?

카뮈는 이렇게 말한다.
"함께 걷는다는 것은 상대의 속도에 발맞추고, 나의 진심을 억지로 내세우지 않으며, 침묵마저도 서로의 일부로 받아들이는 일이다."

누군가의 앞도 뒤도 아닌, 곁을 내어주고 함께 걷는 것. 그것이야말로 우리가 끝내 버텨낼 수 있는 삶의 방식임을 잊지 말아야 한다.

Ludwig Wittgenstein
루트비히 비트겐슈타인
정신 세계가 좁은 사람은 뭐든 다 아는 척한다

영어에는 'privacy프라이버시'라는 단어가 있지만, 한국어에는 이에 정확히 대응하는 말이 없다. '사생활 보호', '개인정보 보호'라고 번역할 수 있지만, 뉘앙스가 어색하다. 그래서 우리는 일상에서도 자연스럽게 "프라이버시 좀 지켜줄래?"라고 영어 단어를 그대로 쓴다. 이것은 단지 단어 하나의 부재가 아니라, 사회가 중시하는 개념 자체가 다르다는 사실을 보여준다.

"내 언어의 한계는 내 세계의 한계를 의미한다."

"The limits of my language mean the limits of my world."

비트겐슈타인은 20세기 가장 영향력 있는 철학자 중 한 사람으로서, 인간의 사고와 세계 인식이 '언어'라는 틀에 의해 어떻게 제약되는지를 평생에 걸쳐 탐구했다. 그의 대표작 《논리 철학 논고》에서 그는 "말할 수 없는 것에 대해서는 침묵해야 한다"라고 말했으며, 이후 언어를 단순한 의미 전달 도구가 아닌, '행위'이자 '생활 방식'으로 규정했다. 그에게 있어 언어는 사고의 그릇이며, 세계를 구성하는 방식 그 자체였다. 말로 설명할 수 없는 것은 우리의 세계 안으로 들어올 수 없고, 결국 표현할 수 없는 것은 존재하지 않는 것처럼 취급된다. 따라서 비트겐슈타인은 언어가 곧 사고의 차이, 나아가 세계 인식의 차이로 이어진다고 강조했다.

예컨대 한국 사회는 전통적으로 개인보다 집단의 가치를 중시했기 때문에, '프라이버시'라는 단어가 굳이 필요하지 않았다. 이처럼 언어는 단순한 소리의 조합이나 문법 체계를 넘어, 인간이 세상을 해석하고 구성하는 틀로 기능한다. 비트겐슈타인은 언어의 이러한 특성을 '게임'에 비유했다. 바둑, 체스, 축구가 각기 규칙을 가진 놀이와 같이, 우리가 사용하는 언어 또한 사회적 맥락과 규칙 안에서 의미가 형성된다. 언어는 단순한 단어와 문법의 조합을 넘어, 언어 사용자의 문화, 지식, 가치관을 반영하는 살아있는 시스템인 셈이다. 그렇기에 우리는 타인이 사용하는 표현 하나하나를 통해 그 사람의 면모를 짐작할 수 있다. 단어 선택, 문장의 뉘앙스, 이야기의 전개 방식은 곧 그 사람의 사고방식과 사회적 감각, 더 나아가 인간관계에 대한 태도를 드러내는 신호와 같다.

이러한 점을 일상에서 가장 뚜렷하게 보여주는 이가 바로 '허세 있는 사람'이다. 말은 번지르르하나, 실속 없이 깊이 없는 말로 자신을 포장하는 유형. 이러한 사람을 마주할 때면 우리는 종종 이유 모를 위화감을 느끼곤 한다. "그렇게 많은 책을 읽었다면서 왜 말끝마다 자기 자랑만 할까?", "아는 게 많다면서 왜 정작 대화가 피곤할까?" 겉으로는 화려한 말을 늘어놓지만, 정작 그가 바라보는 세계는 놀라울 만큼 좁고 단편적인 경우가 많다. 이것이 바로 비트겐슈타인이 말한 바의 핵심이다. 언어 구사력이 뛰어나다고 해서 세계관이 넓은 것은 아니며, 오히려 언어 능력이 부족한 사람일수록 허세로 자신을 감추려 한다. 스스로도 자신의 세계가 협소하다는 걸 알기에, 공허함을 과장된 말로 메우려는 것이다.

허세로 가득 찬 사람들의 언어에는 공통된 특징이 있다.

첫째, 자신이 제대로 이해하지 못한 개념을 마치 오래전부터 통달한 듯이 사용한다.

둘째, 타인을 주눅 들게 하는 방식으로 언어를 구사하며, 언어를 소통의 수단이 아닌 '무기'로 활용한다.

셋째, 언변은 현란하지만, 그 이면에는 실질적인 경험이나 진솔한 감정이 없다.

그럴듯한 말에 현혹될수록 오히려 그 사람의 세계가 얼마나 협소한지 느껴지는 까닭은, 언변 자체가 곧 그 사람의 세계를 투영하기 때문이다. 비트겐슈타인이 말했듯 "언어의 한계는 세계의 한계"이므로 허세로 가득한 언어는 결국 얄팍한 세계를 감추려는 몸부림에 불과하다.

반대로, 자신의 세계가 넓은 사람은 자신이 모르는 것을 솔직하게 인정하고, 이해하지 못한 것을 섣불리 단정하지 않으며, 무엇보다 자신의 언어를 끊임없이 갱신하려는 자세를 보인다. 그들은 능변에 능숙한 것이 아니라, 언어를 신중하게 구사한다. 말로 형언할 수 없는 영역에 다다랐을 땐 침묵을 택할 줄 아는 지혜 또한 갖추고 있다. 그것은 무지가 아닌, 세계를 향한 겸허한 태도이다.

결국 중요한 것은 '언어 그 자체'가 아니라 언어 너머의 의미를 탐구하려는 의지다. 말을 많이 한다고 반드시 지혜로운 것이 아니며, 오히려 언어적 한계를 자각하는 사람만이 더 넓은 지평을 향해 나아갈 수 있다. 그리고 그 여정은 허황된 언사가 아니라, 진실한 말과 숭고한 침묵에서 시작된다. 그러므로 우리는 끊임없이 수련해야 한다. 언어로 세상을 해석하는 것과 동시에, 말 너머의 '사람'을 바라보는 연습이 필요하다.

다음은 나의 세계를 확장하는 6가지 언어 확장법이다.

1. 익숙한 단어 대신, 더 정확한 어휘를 사용해 보자.
   예: '좋다' 대신 '편안하다', '설렌다', '안정된다'
2. 매일 새로운 단어 하나를 외우고 직접 문장에서 활용해 보자.
3. 말하기보다 질문하기를 습관화하라. 질문은 언어 확장의 가장 강력한 훈련이다.
4. 자주 쓰는 말버릇을 기록하고 이유를 분석하라.
   예: '근데'를 자주 쓴다면, 회피적인 화법일 가능성이 있다.
5. 무의미한 반복을 줄이고 침묵을 늘려라. '그러니까요' 같은 말버릇은 사고의 깊이를 흐린다.
6. 한 달에 한 번은 평소 읽지 않는 장르의 책을 읽어라.
   시집, 철학, 논픽션 등 새로운 언어 자극을 경험할 수 있다.

당신의 말은 단순한 소리가 아니라 당신의 세계다. 허세로 치장된 언어가 아니라, 정직하고 단단한 언어로 자신을 세워라. 매일의 언어 훈련이 결국 더 넓은 삶의 무대를 열어줄 것이다.

Zeno of Citium
키티온의 제논

경청의 3단계:
온 몸으로 경청하고 충동을 조절하라

경청은 중요하다. 이 말에 누구나 고개를 끄덕일 것이다. 하지만 진정한 경청이란 단순히 귀로만 듣는 것이 아니라 시선을 고정하고, 눈빛을 빛내며, 몸의 방향을 틀고, 손의 자세까지 집중하는 온몸의 행위로 완성된다. 상대의 말이 헛되이 흘러가지 않고, 내면으로 온전히 받아들여지고 있음을 보여주는 전인적인 반응, 그것이 바로 적극적 경청active listening이다.

나는 이를 2단계 경청이라 말한다. 적극적 경청을 훈련하다 보면, 자연스레 3단계 경청을 체득하게 되고 경청의 정의 또한 새롭게 정립된다. 단순히 듣는 행위를 넘어, 충동을 억누르는 이성의 힘을 깨닫게 되는 것이다. 말하고 싶은 충동을 억제하면서 대화의 흐름을 촉매제처럼 살려내는 능력, 그것이 3단계 경청이다.

그러나 대부분 사람은 이 단계에 도달하지 못한다. 왜 우리는 끝까지 듣는 것을 이토록 어려워할까? 그 답은 '충동 조절'에 있다. 답변을 미리 준비하느라 마음이 앞서거나, 불편한 말을 참지 못해 중간에 말을 끊는 행동처럼 충동이 이성을 이기고 상대의 말을 가로막는 것이다. 가까운 사람에게 격분하여 소리를 지르거나, 답변을 미리 정해놓고 이야기를 듣는 척했던 순간을 떠올려 보라. 그 모든 것은 후회로 점철된 사건들이다. 후회의 배경에는 '듣지 않은 채 반응해 버린 충동'이 있었다. 이처럼 경청의 힘을 잃은 자리에는 언제나 후회가 깃든다.

"우리에게 귀가 두 개이고 입이 하나인 것은, 말하는 것의 두 배를 들어야 하기 때문이다."

"We have two ears and one mouth, because we have to hear twice what we say."

스토아학파의 창시자인 키티온의 제논기원전 334~262은 인간이 감정의 파도에 휩쓸릴수록 삶은 무너져 내린다고 보았다. 스토아 철학의 핵심은 감정 억제가 아닌, 이성으로 충동을 제어하는 방법을 익히는 데 있다. 본능적인 인간에서 이성적인 인간으로 변화하기 위해, 판단을 유보하고, 충동을 절제하며, 이성과 감성이 균형을 이루도록 훈련하는 것. 이것이 그가 말한 철학적 수련이다.

이 훈련의 지속 여부는 현실 속에서 확연한 차이를 만든다. 회의에서 자기 말만 늘어놓는 사람은 능숙해 보일 수 있으나, 진정한 신뢰는 상대의 말을 충분히 듣고 난 후 던지는 간결한 한마디에서 쌓인다. 경청 후에 건네는 한마디는 장황한 프레젠테이션보다 더 큰 설득력을 발휘한다. 사랑과 우정 역시 마찬가지이다. 진정으로 경청하는 사람에게 자연스레 마음을 열게 되고, 침묵 속에서 깊은 위안을 얻는다.

경청은 단순히 기술 문제가 아니다. 충동을 다스리고, 관계를 깊게 만들며, 자신을 수양하는 지혜다. 꾸준히 훈련하여 2단계와 3단계 경청에 익숙해지면, 말 이면의 맥락과 의도, 심지어 표현되지 못한 감정까지 읽어낼 수 있다. 그 순간, 대화는 단순한 정보 교환이 아니라 인간과 인간을 이어주는 통로로 변모한다.

그러므로 우리는 제논의 말을 다시 한번 되새길 필요가 있다. 말하는 것보다 두 배 더 경청하는 훈련은 단순한 예절을 넘어, 인간을 한층 성숙하게 만드는 철학적 수련이다. 앞으로 나눌 대화 속에서, 단 한 번만이라도 더 귀를 기울여 보라. 그 작은 차이가 상대방의 마음을 여는 열쇠가 됨과 동시에, 당신을 더욱 성숙한 사람으로 만들어줄 것이다.

Hannah Arendt
한나 아렌트
부드러운 미소로 날 폭행하는 선인들의 악행

"나는 누구에게도 피해를 주는 행동은 절대 하지 않아."

대부분 사람은 자신이 나쁜 사람은 아니라고 말한다. 우리가 이렇게 말할 수 있는 이유는, 악을 특별한 존재라고 믿기 때문이다. 사이코패스처럼 뉴스에서나 나올 법한 연쇄살인마, 인간으로서 어떻게 그럴 수 있을까 싶은 아동 학대범 등, 일상에서는 상상조차 하기 힘든 일을 저지르는 사람들을 보며 '악'이라고 규정하는 것이다. 그러나 되돌아보면, 회사에서 틀린 의견을 낸 동료를 뒤에서 험담하는 일, 온라인에서 누군가를 비난하고 조롱하는 일 역시 '악'이다. 약자를 향한 사회적 혐오 발언 앞에서 '극단적이긴 하지만…'이라며 침묵하는 것 또한 악이다. 하지만 이런 행동을 하는 사람들은 자신을 나쁘다고 생각하지 않는다. "그 정도는 누구나 하지 않나?", "나는 직접 나선 게 아니잖아"라며 자신을 평범한 사람으로 규정한다. 이렇듯 평범한 사람이 얼마나 잔혹할 수 있는지를 생생히 포착한 이가 바로 한나 아렌트다.

"슬픈 진실은 대부분의 악이 선인이 되거나 악인이 되겠다고 결심하지 않은 사람들에 의해 저질러진다는 것이다."

"The sad truth is that most evil is done by people who never make up their mind stone good or evil."

한나 아렌트는 나치 전범 재판을 직접 취재하며 느낀 바를 책에 고스란히 담아냈다. 수십만 명의 유대인 학살에 깊이 관여한 아이히만 장교는 악마적인 괴물이 아니라, 놀라울 만큼 평범한 사람이었다. 그는 단지 주어진 명령을 따랐을 뿐이라 주장했으며, 아렌트는 그가 그것을 변명이 아니라 진심으로 믿고 있다고 보았다. 그녀는 여기서 중요한 통찰에 도달했다. 악은 괴물 같은 이질적인 존재가 아니라, 판단하지 않고 묻지 않으며, 아무 생각 없이 따르는 평범한 사람들에게서 비롯된다는 것이다. 그녀는 이를 '악의 평범성Banality of Evil'이라 명명했다.

그렇다면 우리는 이 평범한 악의 구조로부터 어떻게 벗어날 수 있을까.

첫째, 매 순간 판단하고 숙고하는 훈련이 필요하다. 아무 생각 없이 타인의 말에 동조하거나 다수의 분위기에 휩쓸리는 순간, 우리는 이미 누군가의 고통에 일조하고 있을지도 모른다.

둘째, 언행에 앞서 올바른 태도를 갖추는 것이 중요하다. 자신을 스스로 '착한 사람'이라 믿기보다, 누군가를 위해 불편한 선택을 감수할 수 있는지 자문해야 한다.

셋째, 책임을 회피하지 말아야 한다. "나는 가만히 있었을 뿐"이라는 말은, 그 자리에 있었다는 사실만으로도 책임의 일부를 피할 수 없다는 뜻이다. 침묵은 결코 중립적인 태도가 아니다. 그것은 단지 '선택을 미룬 선택'일뿐이다.

지금, 당신은 어떻게 행동하고 있는가? 오늘, 당신의 침묵은 누구의 고통과 맞닿아 있는가? 인간은 완벽할 수 없다. 그러나 스스로 침묵했을 때, 그 침묵이 어떤 악을 낳았는지는 되돌아볼 수 있다. "나는 그저 조용히 살뿐"이라는 태도 자체가 누군가에게는 무언의 폭력일 수 있다는 사실을 잊지 말아야 한다. 진정한 선함은 거창한 영웅심이 아니라, 작은 성찰과 책임감에서 비롯된다.

Lucius Annaeus Seneca
루키우스 안나이우스 세네카

3초의 분노가
30년 신뢰를 무너뜨린다

요즘 TV에서 이혼 상담 프로그램이 자주 방영된다. 다들 처음에는 차분히 대화를 시작하지만, 이내 목소리가 높아지고 걷잡을 수 없는 눈물이 터져 나온다. 상대의 잘못을 지적하고, 묵은 상처를 들추며, 서로를 할퀴는 사이, 시청자들 또한 누가 더 잘못했나를 따지기에 여념이 없다. 냉정히 보면 문제의 근원은 잘잘못의 비율이 아닌 '이성의 부재'에 있다. 감정의 소용돌이에 휘말린 순간, 상대는 물론 자신조차 설득할 수 없게 된다. 그때 가장 간과되는 것이 바로 이성의 힘이다. 고대 로마의 정치가이자 스토아 철학자인 세네카Seneca, BC 4~AD 65는 이러한 믿음을 평생 실천하며 글로써 증명했다. 특히 그의 저서 《분노에 대하여》는 오늘날까지도 감정에 휘둘리는 인간에게 가장 직접적이고 현실적인 가르침을 준다.

"분노는 가장 혐오스러운 종류의 단기적인 광기다."
"Anger is the most hateful of all the diseases of the

mind."

당시 스토아 철학자들은 인간을 감정의 노예가 아닌, 이성으로 자신을 다스릴 수 있는 존재로 보았고, 세네카 역시 같은 믿음을 가졌다. 특히 그는 분노를 누구보다 깊이 통찰했다. 황제 네로의 가정교사로서 권력의 광기와 인간 감정의 폭력성을 가장 가까이에서 목격했기 때문이다.

그가 말한 '광기'란 이성이 잠식되고 감정이 지배하는 상태를 뜻한다. 분노에 휩싸인 사람은 마치 순간적으로 이성을 잃은 듯, 후회할 행동을 빠르게 자행한다. 또한 한 마디 말로 관계를 허물고, 순간적인 행동으로 평생 쌓아온 신뢰를 잃기도 한다. 세네카는 이를 외부 탓이 아니라, 자기 내면의 이성을 저버린 자가 초래한 비극으로 보았다.

그렇다고 단순히 분노를 억누르는 것이 해법일까? 흥미롭게도 세네카는 이에 동의하지 않았다. 스토아 철학이 추구한 '아파테이아apatheia'는 흔히 감정이 없는 무감정으로 오해되지만, 실제로는 감정의 노예가 되지 않고 이성으로 감정을 조율하는 상태를 의미한다. 즉, 분노를 억압하는 것이 아니라, 그 자리에 평온한 힘을 앉히는 것이다. 그래서 세네카는 이렇게 말했다.

"타인을 지배하고자 하는 자는 반드시 먼저 자기 자신을 지배해야 한다."

그는 분노를 억누르려는 태도 역시 또 다른 분노를 낳는 행위와 같다고 보았다. 그가 중시한 것은 '억누름'이 아닌 '이해'였다. 분노의 근원이 무지와 성급한 판단에 있음을 깨닫는 순간, 감정은 힘을 잃게 된다. 결국, 감정은 외부 자극이 아닌 스스로 어떻게 해석하느냐에 달린 문제다. 우리가 상처받는 이유는 그 말 자체 때문이 아니라, 스스로 곱씹고 확대 해석하는 반응 때문이다.

생각해 보자. 이혼 상담 프로그램 속 부부에게 진정 필요한 것도 변호사나 중재자의 말 몇 마디가 아닐지 모른다. 오히려 화가 치밀 때 즉각 반박하기보다 한 호흡 멈추고, "왜 이 말이 내게 이렇게 크게 다가오는가?"라는 질문을 던지는 것이다. 억누르는 것이 아니라 이해하려는 태도가 감정의 불길을 잠재운다. 짧은 멈춤 하나가 격앙된 싸움을 이성적인 대화로 바꿀 수 있다.

오늘날 우리 역시 마찬가지다. 직장, 가정, 온라인 등 어디에서든 분노를 느끼는 순간은 끊임없이 찾아온다. 결국 세네카가

갈파했듯, 분노는 타인을 겨냥한 것이 아니라 자기 자신을 파멸시키는 칼날과 같다. 타인을 벌주기 위해 품은 분노의 불길에 가장 먼저 타들어 가는 것은 바로 자신의 평온이다. 진정으로 필요한 것은 분노를 억압하려는 의지가 아니라, 분노를 이해하고 이성을 되찾으려는 용기이다. 진정으로 강한 사람은 목소리를 높이는 사람이 아니라, 침묵 속에서 이성을 굳건히 지키는 사람이다.

분노는 가장 비합리적이며, 자기 자신을 파괴하는 광기라는 걸 기억해라. 분노는 짧지만, 결과는 길다. 이성은 순간적으로는 약해 보이지만, 결국 평생을 지탱하는 힘이 된다. 당신의 삶을 결정하는 건 감정의 불꽃이 아니라, 이성의 등불임을 잊지 말라.

Friedrich Nietzsche
프리드리히 니체

니체와 함께 신을 죽여라, 그리고 다시 창조해라

"신은 죽었다. 신은 여전히 죽어 있다. 그리고 우리가 그를 죽였다."

"God is dead. God remains dead. And we have killed him."

프리드리히 니체는 기존의 절대적 도덕 · 종교 · 형이상학을 해체하고, 가치의 재평가를 촉구한 위대한 철학자다. 그가 말한 '신'은 단순한 신학적 표현을 넘어, 우리 삶 전체를 관통하는 의미로 해석할 수 있다. 절대 기준의 붕괴, 곧 우리가 의지하던 관념들이 바로 니체가 말하는 '신'인 것이다.

오늘도 우리는 수많은 신념, 가치, 제도, 규범 속에서 살아간다. 그중에는 여전히 유효한 것도 있지만, 이미 오래전에 '죽은 가치'가 된 것도 있다. 문제는 죽은 가치를 여전히 살아 있다고 믿으며, 그것으로 타인을 재단하고 스스로를 속박하는 데 있다.

니체는 바로 이 점을 날카롭게 지적했다. 그가 말한 '신의 죽음'에서 더 심각한 문제는, 그 사실을 알아차리지 못하는 무감각이다. 기준이 이미 무너졌는데도 여전히 붙잡고 있다는 것이다. "누가 신을 죽였는가?"라는 질문에 니체는 결국 '우리 자신'이라고 답한다. 신의 죽음은 외부의 힘 때문이 아니라, 우리가 스스로 믿음을 의심하고 무너뜨린 결과라는 뜻이다.

우리 일상에 빗대어 살펴보자. 가정용 와플 기계가 등장했을 때, 사람들은 와플을 넘어 삼각김밥·파전·고기까지 구워 보았다. 본래의 용도를 벗어나 목적을 재설정하는 유연성은 위기 대처의 장점이 될 수 있다. 하지만 같은 메커니즘이 가치 체계에 작동하면 이야기가 달라진다. 지식·신앙·정의·도덕 같은 보편적 가치를 사적 해석으로 과용하거나 오용하면, 기준은 순식간에 나에게 유리한 명분으로 변질된다. 다양성의 시대라서 무엇이든 해석 가능하다고 말하는 순간일수록, 우리는 어긋난 믿음을 경계해야 한다. 다양성은 자기중심적 왜곡에 타당성을 부여하지 않는다.

여기서 중요한 차이가 있다. 겸허한 해석은 기준을 갱신하지만, 오만한 해석은 기준을 사적인 도구로 만든다는 것이다. 하나는 세계를 열고, 다른 하나는 세계를 닫는다. 니체는 이 지점에서 허무주의Nihilism의 벼랑을 직시한 뒤, 그 자리에서 새로운 기준을 창안하라고 요구했다. 진짜 기준은 두 가지를 함께 품는다. 자신을 드러낼 용기와 스스로를 무너뜨릴 가능성. 검증에 실패하면 과감히 버리고, 통과하면 더 높은 기준으로 갱신해야 한다.

그러므로 질문을 바꿔야 한다. "누가 신을 죽였는가?"가 아니라, "내 안에는 어떤 '신'이 아직도 살아 있는가?" 그리고 그 '신'은 살아 있는가, 아니면 단지 관성으로 작동하는가?

여기에 답을 하지 못한다면 문제는 다음 세 가지다.

- 알리바이화: 낡은 명분으로 현재의 이익을 정당화한다.
- 검증 회피: 믿음을 맹목적으로 옹호하며 시험대에 올리지 않는다.
- 자기 속박: 스스로 외친 기준에 스스로 갇혀버린다.

해법은 작고 구체적이어야 한다.

- 오늘의 폐기: 붙들고 있던 신념 하나를 골라 반례 3개를 찾고, 최소 하나를 버리거나 수정한다.
- 첫 원리 교체 실험24시간: 당연하게 여겼던 규범 하나를 역전

된 규칙으로 하루 동안만 적용해 본다. 그리고 무엇이 드러나는지 기록한다.
- '살아 있는 신' 버리기: 내가 자주 쓰는 명제 '항상, 절대, 원래' 같은 말을 사용하지 않는다. 이것은 오래된 신념을 버리는데 큰 도움이 된다.

요약하면 이렇다.

죽은 가치는 벗겨라.
살아 있는 기준만 남겨라.
남은 기준은 계속 갱신하라.

니체가 던진 한 문장은 파괴의 구호가 아니라, 창조의 문턱이다. 절대가 무너진 자리에서 우리는 책임을 넘겨받는다. 그 책임은 타인을 심판하기 위한 칼이 아니라, 나를 다시 설계하는 연필이어야 한다.

Carl Sagan
칼 세이건
쏟아지는 별빛 속에서 인간은 어떤 존재인가

두 명의 굴뚝 청소부가 있었다. 일을 마치고 집을 나섰을 때, A의 얼굴은 검댕투성이였지만 B의 얼굴은 말끔했다. 그런데 세수를 한 사람은 A가 아니라 B였다. 왜일까? B는 A의 더러워진 얼굴을 보고 자기 얼굴도 그러리라 생각했고, A는 B의 깨끗한 얼굴을 보고 자신도 깨끗할 것이라 여겼기 때문이다. 이 짧은 우화는 인간이 언제나 타인을 거울삼아 자신을 해석한다는 사실을 보여준다. 결국 우리는 매일 타인의 얼굴과 태도를 통해 자기 모습을 짐작하며 살아가는 존재다.

"타자를 이해함으로써 자신을 더 잘 이해하게 된다."

"You understand yourself better by understanding the other."

천문학자이자 대중 지성인이었던 칼 세이건은 전 세계 수천만 명이 시청한 다큐멘터리 『코스모스』와 여러 저서를 통해 과학을 단순한 데이터의 집합이 아닌, 인간 자신을 이해하기 위한 가장 위대한 도구로 제시했다. 그에게 과학은 천문대의 렌즈로 별을 관찰하는 일인 동시에, 그 별빛 속에서 "인간이란 무엇인가?"를 되묻는 행위였다.

칼 세이건이 말하는 '타자the other'는 단순한 우리 옆의 누군가가 아닌, 우주를 구성하는 모든 외부 세계를 의미했다. 그의 범우주적 세계관은 삶의 여러 측면을 변화시켰으며, 그중 하나는 우리가 별빛을 탐구하는 이유가 별 자체를 알기 위함이 아니라, 인간의 기원과 한계 그리고 본질을 성찰하기 위함이라고 주장했다. 심지어 인간이 지구 밖 생명체를 상상하는 순간조차 결국 자기 자신을 투영하는 행위라고 보았다.

일상의 경험 또한 마찬가지다. 타인의 무례한 행동을 보고 나는 저러지 않아야겠다고 다짐하거나, 세심한 배려를 보며 나도 저렇게 살아야겠다고 마음먹는 순간이 있다. 우리는 타인의 말과 표정, 작은 몸짓마저 거울처럼 받아들이며, 그 안에서 자신을 성찰하고 교정한다. 그렇기에 타인은 단순한 관계의 대상이 아닌, 언제나 우리를 비추는 거울과 같다. 칼 세이건은 여기서 멈추지 않는다. 그는 타인을 통해 자신을 확인하되, 거울 속 이미지에 사로잡혀서는 안 된다고 경고한다. 거울을 오래 들여다 보면, 어느 순간 거울 속 모습에 갇히기 때문이다. 비교와 평가에 함몰되면, 자신의 기준은 사라지고 타인의 시선이 나를 규정하게 된다. 그러므로 거울은 '내가 보는 도구'일뿐, '속해야 할 세계'가 아님을 잊지 말아야 한다.

결국 중요한 것은 균형이다. 타인의 삶에서 배울 점은 배우되, 분명히 경계해야 할 부분은 피해야 한다. 타인의 무례함을 반면교사로, 따뜻함을 삶의 지침으로 삼되, 모든 관찰의 끝은 결국 '나'라는 존재의 중심으로 귀결되어야 한다. 세이건이 우주를 탐구하면서도 인간에게 질문을 던졌듯, 우리 역시 타인을 거울삼아 자신을 더욱 깊이 이해해야 한다.

더 나은 삶은 이 단순한 리듬 안에서 완성된다. 주변을 주의 깊게 바라보고, 그들을 통해 자신을 교정하며, 다시 내면의 중심을 세우는 것. 우주를 보며 인간을 탐구하고, 타인을 보며 자신을 성찰하는 것 이것이야말로 칼 세이건이 남긴 가장 인간적인 통찰이자, 우리가 일상에서 실천할 수 있는 가장 현실적인 철학이다.

Ayn Rand
아인 랜드

현실을 회피한 겁쟁이들의 처참한 최후

인간은 어쩌면 태생적으로 현실을 외면하도록 설계되었는지 모른다. 사자에게 쫓기던 시절에는 눈앞의 위협을 피하는 것이 생존에 유리했고, 끝을 알 수 없는 바다를 건너기보다 익숙한 강가에 머무는 것을 선택했다. 이러한 회피 본능은 수십만 년의 진화를 거쳐 오늘날에도 여전히 작동한다. 벅찬 고지서를 '다음 달의 나'에게, 불편한 감정은 '내일의 나'에게 미룬다. 심지어 아픈데도 병원 가기를 미루고, 사직서를 덮어두는 등 당장 필요한 일조차 '내일의 나'에게 떠넘기고 있다. 그렇기에 아인 랜드가 남긴 말이 요즘 들어 더욱 와닿는다.

"현실을 외면할 수는 있어도, 그 결과까지 외면할 수는 없다."

"You can ignore reality, but you cannot ignore the consequences of ignoring reality."

미국의 작가이자 철학자 아인 랜드는 철저히 '이성의 철학'

을 설파한 사상가였다. 그녀는 인간을 현실 세계를 인식하고 해석하며 살아가는 존재로 보았으며, 그 중심에는 감정이 아닌 '이성'이 자리해야 한다고 여겼다. 그녀의 대표작 《움츠린 아틀라스》를 관통하는 메시지처럼, 인간은 자신의 선택과 결과에 끝까지 책임을 지는 주체여야 한다. 현실이 고통스럽다고 눈을 돌리는 순간, 그 고통은 더 큰 비극으로 증폭된다. 다시 말해, 현실은 피하는 대상이 아니라 조율하고 정면 돌파해야 할 대상이다.

그러나 아인 랜드의 철학과 반대로 현대인은 오히려 현실을 외면하는 데 능숙해졌다. 그 이유는 단순하다. 현실은 버겁고, 대부분은 이러한 현실을 다루는 기술을 제대로 배운 적이 없기 때문이다. 이를 단순히 '나약한 태도'로만 해석해서는 안 된다. 모두가 같은 면역력을 가진 것은 아니므로, 누군가에게 외면은 생존을 위한 방어기제가 될 수 있다.

현실을 직면하는 데에는 생각보다 거창한 전략이 필요하지 않다. 중요한 것은 반복되는 나쁜 패턴을 멈추는 일이다. 운동을 위해 집을 나서고, 미루던 청소를 하고, 쌓인 카드값을 갚고, 오해를 풀기 위해 대화를 시도하는 것. 그렇게 작은 행동으로 현실과 마주하기 시작하면 세상과 맞설 용기가 생긴다. 결국 중요한 것은 그것을 '언제 마주할 것인가'이다.

외면이 영원할 수는 없다. 카드 돌려 막기는 벗어나기 힘든 악순환을 낳고, 미래를 향한 도약이 아닌 당장의 문제에만 매달리게 만든다. 상황을 모면하려는 거짓은 또 다른 거짓을 낳는다. 전하지 못한 오해는 침묵 속에 커지고, 방치된 감정은 결국 관계의 붕괴로 이어진다. 외면한 현실은 언젠가 반드시 다른 모습으로 돌아온다. 때로는 더 날카롭고 잔혹하게. 물론 외면이 언제나 나쁜 것만은 아니다. 때로는 회복을 위한 시간이 되기도 한다. 그러나 그것이 '습관'이 되면, 현실은 더 커지고 깊어져 결국 마주하는 데 더 큰 용기가 필요해진다.

중요한 것은 타이밍이다. 현실은 빨리 직면할수록 더 빨리 나아진다. 처음은 괴롭더라도, 그것은 결국 견딜 수 있는 힘과 용기로 돌아올 것이다. 그러니 결과가 더 커지기 전에 현실의 문을 천천히 열어보자. 그 안에는 두려움만이 아니라, 회복의 길도 함께 있을 것이다.

☾

Johann Wolfgang von Goethe
요한 볼프강 폰 괴테
책 100권을 읽지말고
1가지 깨달음으로 100일을 살아라

100가지 귀중한 아이디어를 가진 사람보다 단 하나의 아이디어를 실현하는 사람이 더 무섭다는 말이 있다. 이 말에 동의하는가? 그렇다면 질문이 생긴다. 언제부터 '실천'이 이토록 중대한 가치를 지니게 되었을까? 어떤 사람은 이렇게 반문할지도 모른다.

"실천은 원래 중요한 거 아닌가요?"

맞다. 그러나 오늘날, 스마트폰을 손에 쥐고 하루에도 수백 가지의 정보를 소비하는 현대인에게, '실천'은 과거보다 훨씬 희소한 자산이 되어버렸다. 우리는 정보 수집가처럼 새로운 지식을 모으는 데 몰두하지만, 실제로 묵묵히 행동으로 옮기는 사람은 극소수다. 대부분은 배웠다는 사실만으로 만족하기 때문이다. 모두가 책 100권을 읽으려 하지만, 단 하나의 깨달음으로 100일을 살아가려 하지는 않는다.

이 지점에서 자연스레 나는 괴테를 떠올린다. 일반적으로 괴테1749~1832는 《파우스트》의 작가로만 회자된다. 인간의 욕망과 구원을 담아낸 걸작은 그의 문학적 위상을 굳건히 하는 상징과 같다. 그러나 그는 문학에만 머무르지 않고 자연 과학자이자 정치가, 철학적 사유와 예술, 식물 변태론 연구, 색채 이론, 정치 행정 경험 등 세상에 다채로운 발자취를 남겼다. 이러한 배경에는 괴테가 핵심 가치로 여겼던 한 가지가 자리한다. 그것은 곧 '알고 이해하는 것'이 아닌 '알고 행하는 것'이었다. 그는 이렇게 말했다.

"아는 것만으로는 충분하지 않다. 적용해야 한다. 의지만으로는 충분하지 않다. 실천해야 한다."

"Knowing is not enough. It should be applied. Will alone is not enough. We must practice it."

언행일치. 누구나 실천의 중요성은 알지만 막상 행동으로 옮기기는 쉽지 않다. 괴테는 남들이 그리기만 하던 생각들을 행동으로 옮겨 자신의 업적을 이루었다. 작품 창작을 위해 여행을 떠나 직접 보고 들은 현장을 기록했고, 과학 연구에서도 실험과 관찰을 반복하며 추상적 이론보다 살아 있는 현상을 중시했다. 그의 철학은 머릿속 개념이 아니라 삶 속에서 몸으로 증명되는 것이었다. 굳이 표현하자면, 괴테의 철학은 '몸으로 말하는 철학'이었다.

당신의 '몸의 철학'은 어떠한가? 정보 홍수의 시대에 우리는 수십 개의 온라인 강의를 수강하면서도 첫발을 떼지 못하거나, 철저한 운동 계획을 세웠지만 작심삼일로 끝나곤 한다. 문제는 몰라서가 아니라, 알면서도 움직이지 않는 데 있다. 그렇다면 우리는 왜 배움을 행동으로 연결하지 못하는 것일까?

첫째, 새로운 도전은 실패와 비웃음을 감수해야 하는 두려움을 동반한다.

둘째, '배웠다'는 사실만으로 성취감을 느끼는 심리적 착각에 빠진다.

셋째, 변화를 적용하면 익숙한 틀이 흔들리므로, 안정감을 지키려는 본능이 우리를 붙든다.

지식은 머릿속에만 머물 뿐 현실을 바꾸진 못한다. 바로 이 지점이 괴테와 우리의 차이다. 우리는 생각 방식을 이렇게 바꿔야 한다. "나는 얼마나 알고 있는가?"가 아니라 "오늘 무엇을 실천했는가?"라고. 수많은 아이디어와 지식보다, 단 하나의 실천이 더욱 값지다. 괴테의 철학은 지식은 배움의 시작일 뿐, 완성은 언제나 행동 속에서 맺어진다는 확신 위에 세워졌다. 지금 손에 쥔 지식 중, 당신의 삶을 크게 바꿀 단 한 가지를 떠올려 보라. 그리고 그것을 즉시 삶에 적용하라. 바로 그 작은 행동이야말로 당신의 내일을 바꾸는 씨앗이 될 것이다. 괴테가 남긴 가장 강력한 메시지는 분명하다.

"앎을 행하라. 그것이 삶을 진짜로 움직이는 힘이다."

Boethius
보에티우스

감옥에 갇힌 사형수 귀족이 남긴
마지막 한 마디

"내가 한땐 잘 나갔었지."

이런 말을 자랑처럼 꺼내는 사람들이 있다. 비록 지금은 초라할지라도 지난날의 화려함을 이야기하며, 자신이 함부로 대할 사람이 아님을 강조하는 것이다. 겉으로는 자랑처럼 보이지만, 그 속에는 미련과 상실감, 현실을 외면하고 싶은 심리가 숨어 있다. 과거의 영광을 들춰내는 행위는 순간적인 위로가 될 수 있지만, 오히려 그 영광을 가장 불행한 기억으로 변질시킬 위험도 있다. 문제는 과거가 아니라, 과거에 안주하려는 태도다.

이 역설을 누구보다 뚜렷하게 보여주는 인물이 바로 보에티우스Boethius, 480~524다. 로마 제국이 쇠락하던 시기, 그는 명문 귀족으로 태어나 집정관을 지내며 정치와 학문에서 명성을 떨쳤다. 그러나 권력의 풍파는 매서웠다. 그는 동고트 왕국의 테오도릭 대왕에게 반역죄로 몰려 하루아침에 감옥에 갇히고 사형수가 되었다. 한때 권력과 영광을 누리던 그가, 몰락의 밑바닥에 떨어진 것이다. 그러나 보에티우스는 마지막 순간까지 펜을 놓지 않았다. 그가 옥중에서 집필한 책이 바로《철학의 위안 Consolatio Philosophiae》이다. 죽음을 기다리는 고통 속에서 인간이 스스로에게 던지는 고백이자, 동시에 세계를 향한 질문이었다.

"과거의 영광이 사라진 지금, 인간은 무엇을 붙들어야 하는가?"

보에티우스는 다음과 같이 말한다.

"모든 불운 가운데, 한때 행복했던 적이 있었다는 것이 가장 불행한 종류의 불운이다."
"In every adversity, to have been happy is the most unhappy kind of misfortune."

그는 로마의 쇠락한 영광에 매달려 사는 이들에게서 진정한 불행을 보았다. 지난 행복에 집착하는 것은 곧 현재를 부정하는 일이었다. "그때가 좋았다"는 말은 곧 "지금은 아무것도 아니다"라는 자기 고백과 다르지 않았다. 과거는 힘이 아니라, 현재를 마비시키는 그림자가 되어버린다. 그는 과거 자체를 부정하지 않고 단지 "기억할 대상일 뿐, 살아갈 터전은 아니다"라고 말했다. 과거를 영양분 삼아 오늘을 사는 사람은 훨씬 더 유연하다. 상처는 무기가 되고, 실수는 방향을 바꿔주는 이정표다. 차이는 단순하다. 과거에 머무르느냐, 아니면 과거를 발판 삼아 나아가느냐.

이 책은 이후 중세 유럽 전역에서 성경 다음으로 가장 많이 읽히는 고전이 되었고, 단테 · 토마스 아퀴나스 · 제프리 초서 같은 수많은 사상가에게 영향을 주었다. 제국의 몰락 속에서 쓰인 한 철학자의 사유가 오히려 수백 년 동안 유럽의 정신을 붙잡아준 것이다. 몰락 속에서 태어난 한 인간의 글이 후대의 기둥이 된 셈이다.

오늘을 사는 우리에게도 그의 메시지는 여전히 날카롭다. 과거의 행복에 매달릴수록 현재는 불행해진다. 중요한 건 어제가 아니라 지금이다. 과거는 나를 설명할 수 있을 뿐, 나를 바꿀 수 있는 힘은 현재에만 있다. 화려한 어제보다 단단히 살아내는 오늘이 더 값지다.

어제는 이미 지나갔다. 오늘은 미래의 시작이다. 보에티우스가 감옥에서 깨달은 것도 바로 이것이었다. 독자여, 당신은 과거를 위안 삼아 머물 것인가, 아니면 그것을 자산 삼아 오늘을 새롭게 세울 것인가. 그 답이 당신의 내일을 만든다.

John Dewey
존 듀이
경험은 많은데 미성숙한 사람들이 간과한 '이것'

중소벤처기업부의 조사에 따르면, 처음 창업한 스타트업의 3년 생존율은 44.6%에 불과했다. 그에 반해 폐업 후 다시 도전한 기업의 생존율은 84.6%에 달했다. 숫자만 놓고 보면, 실패를 경험한 사람은 확실히 강해진 듯 보인다. 그러나 눈여겨봐야 할 대목은 따로 있다. 여전히 15.4%는 두 번째 도전에서도 무너졌다는 사실이다. 같은 실패를 겪었는데, 어떤 이는 더 단단해지고, 어떤 이는 반복해서 같은 자리에 주저앉는다. 이 차이는 어디에서 비롯되는 걸까? "겪어봤으니 알 것이다"라는 단순한 가정이 얼마나 허약한 착각인지 우리는 여기서 묻지 않을 수 없다.

미국의 교육철학자 존 듀이John Dewey, 1859~1952는 이 문제를 평생 탐구했다. 그는 경험을 무조건적으로 긍정하지 않고 오히려 이렇게 말했다.

"우리는 경험으로부터 배우지 않는다. 우리는 경험에 대한 성찰로부터 배운다."

"We do not learn from experience. We learn from reflecting on experience."

그의 관점에서 '경험'은 그 자체로는 아무 의미가 없다. 어떤 학생이 수학 문제를 수십 번 풀었다고 해서 자동으로 사고력이 자라나는 것은 아니다. 오히려 잘못된 습관을 되풀이하면 오류를 굳혀버릴 수도 있다. 경험은 단순한 사건이 아니라 방향을 가진다. 그것을 어디로 향하게 하느냐가 곧 교육이고, 철학이며, 성장이다.

경험을 단순히 겪었다고 여기는 것으로는 충분하지 않다. 여행했다고 그 나라를 안다고 말할 수 없고, 실패했다고 자동으로 교훈이 남는 것도 아니다. 아이를 키운다고 해서 부모 역할을 다 이해하는 것도 아니다. 경험에 대한 성찰이 없다면 그것은 그저 지나간 사건일 뿐이다. 사건을 붙잡고 "왜 그랬을까?", "나는 어떻게 반응했나?", "다음에는 어떻게 달라져야 할까?"라는 질문을 던질 때, 경험은 비로소 배움이 되고, 실력으로 전환된다.

듀이는 이 과정을 '경험 – 성찰 – 행동'의 순환으로 설명했다. 경험은 원재료와 같고, 성찰은 그것을 숙성시키는 과정과 같다. 그리고 행동은 숙성된 의미를 삶 속에서 다시 검증하는 실천이다. 이 순환이 반복될수록 삶의 밀도는 깊어지고 풍요로워진다. 성찰은 단순한 회상이 아니라, 경험을 내면화해 의도적인 행동 변화를 만드는 사고 훈련이다.

그렇다면 우리는 어떻게 성찰을 시작할 수 있을까? 중요한 것은 성찰을 특별한 순간에만 하는 고상한 행위로 여기지 않는 것이다. 실패했을 때, 곧바로 원인을 외부로 돌리지 않고 "나는 그 순간 어떤 선택을 했는가?"를 묻는 것. 성취했을 때, 단순한 기쁨에 그치지 않고 "무엇이 나를 여기까지 오게 했는가?"를 곱씹는 것. 심지어 아무 일 없는 하루에도 "오늘 나는 무엇을 배웠는가?"를 스스로에게 묻는 것. 이 작은 훈련이 쌓일 때, 경험은 기억을 넘어 삶의 기술로 변한다.

결국 듀이의 철학은 이렇게 말한다.

"겪은 만큼 살아온 것이 아니라, 되짚은 만큼 살아온 것이다."

경험을 온전히 체화하는 힘은 성찰에 달려 있다. 그리고 성찰은 반드시 행동으로 이어져야 한다. 깨달음을 다음 선택에 반영하지 않는다면, 아무리 많은 경험도 공허한 회상으로 흩어지고 만다. 삶의 격차는 바로 여기에서 생긴다. 같은 실패를 겪더라도 어떤 이는 성숙해지고, 어떤 이는 다시 좌절한다. '경험 – 성찰 – 행동'의 순환을 의식적으로 반복하는 사람만이 경험을 단순한 사건이 아닌, 자기 삶의 서사로 승화시킬 수 있다.

이제 우리에게 남은 질문은 하나다.

오늘의 경험을 어떻게 성찰하고, 그것을 내일의 행동으로 어떻게 전환할 것인가. 경험을 붙잡아 되짚고, 되짚은 것을 내일의 행동으로 바꿀 때, 삶은 폭발적인 성장 궤적을 그린다. 그러니 오늘의 경험을 흘려보내지 말라. 지금, 이 순간의 성찰이 내일의 당신을 결정한다.

Carl Gustav Jung
카를 구스타프 융
당신의 인생이 풀리지 않는 진짜 이유와 해결법

"무의식을 의식화하기 전까지 그것이 당신의 삶을 이끌 것이고, 당신은 그것을 운명이라 부를 것이다."

"Until you make the unconscious conscious, it will direct your life and will call it fate."

어린 시절, 낡은 일기장에 끄적였던 내용을 혹시 기억나는가? 아마 대부분 기억나지 않을 것이다. 정말 쓰고 싶어 기록한 사람도 있겠지만, 대다수는 억지로 써야만 했을 것이다. 매주 담임선생님의 일기장 검사를 통과하거나 '참 잘했어요' 도장을 받기 위해 우리는 일상을 쥐어짜고 감성을 짜내곤 했다. 그렇다고 그 모든 것이 거짓은 아니었을 것이다. 비록 조금 과장되었을지라도, 친구들과 즐겁게 놀았고, 꿈을 꾸며 행복했던 것은 사실이었을 테니까. 만약 우리가 '운명'이라 믿는 것들이 어린 시절 일기장에 이미 적혀 있었다면 어떨까? 운명은 돌연히 나타나는 게 아니다. 어린 시절 일기장에 적힌 사소한 말들이 시간이 지나 반복되는 습관과 행동으로 이어지듯, 우리가 무심히 흘려보낸 경험들이 쌓여 지금의 삶을 만든다. 우리가 운명이라 부르는 것은 결국 오래전부터 내 안에서 길러온 결과다.

카를 융은 프로이트의 제자였으나 그의 한계를 넘어 독자적인 길을 걸은 인물이다. 그는 인간의 정신이 의식과 무의식으로 나뉘며, 무의식이 삶을 이끄는 강력한 힘이라고 보았다. 무의식은 단순한 감정의 창고가 아니라, 보고 들은 말, 반복된 행동, 어린 시절 경험이 축적된 '내면의 아카이브'와 같다. 융은 수많은 사람의 꿈을 기록하고 환자의 언어를 분석하며 무의식이 삶을 결정짓는 패턴을 관찰했다. 그의 결론은 명확했다. 무의식을 방치하면 삶은 되풀이되지만, 무의식을 이해하면 삶의 방향을 바꿀 수 있다는 것. 운명처럼 되풀이되는 인생은 사실, 무의식이 오랜 시간 쌓아온 결과일 수 있다.

실제로 우리의 운명은 어린 시절 일기장 같은 무수한 흔적 속에 숨어 있다. 자각하지 못한 찰나의 순간들 속에서 무의식은 자라왔고, 오랜 세월 우리 안에서 말없이 성장해 왔다. 삶을 움직이는 것은 이성적 판단만이 아니다. 영향을 안 받을 것 같지만 어딘가 존재하는 무의식적 선택과 행동들이 삶의 방향을 결정하는 경우도 많다. 문제는 우리가 그것을 자각하지 못한다는 데 있다. 그래서 어떤 일이 벌어졌을 때 "운명인가 보다"라며 책임을 외부로 넘기곤 한다.

"나는 왜 이걸 반복할까?"
"나는 왜 이 장면에서 유독 화가 날까?"
"나는 왜 이 일을 그만두지 못할까?"

이런 질문을 글로 적고, 떠오르는 단어를 메모하며 자기 안의 패턴을 관찰하자. 중요한 것은 '맞다/틀리다'의 판단이 아니라, 자주 등장하는 감정과 반응을 확인하는 일이다. 그것이 곧 나를 해석하는 시작이며, 무의식을 의식의 영역으로 데려오는 행동이다.

하루 중 기분이 크게 흔들린 순간을 기록하고, 그때 어떤 말과 행동이 나왔는지 점검해 보자. 반복되는 감정, 관계의 패턴, 피하고 싶은 주제들이 바로 당신 무의식의 지도를 보여주는 열쇠다. 그것을 무시하면 삶은 제자리걸음을 반복하지만, 한 번 인식하면 스스로를 다시 설계할 수 있는 힘을 얻게 된다.

운명이란, 스스로 만들어 놓고도 자각하지 못한 채 살아가는 과거의 흔적들이다. 그 길 위에 다시 서고 싶지 않다면, 무의식이 만든 '자동 반응'을 꺼내어 조명해야 한다. 현재의 삶을 바꾸고 싶다면 먼저 나의 무의식을 면밀히 들여다봐라. 우리가 들어온 말, 길러온 습관, 반복된 경험이 나의 길을 설계해 왔다면, 이제는 그 설계도를 수정할 차례다.

당신은 그것을 운명이라 불렀지만, 처음부터 그것은 당신이 만든 것이었다.

Arthur Schopenhauer
아르투어 쇼펜하우어

온 세상이 내 아이디어를 비웃을 땐 이렇게 대답하라

영화 『이상한 나라의 수학자』에는 다음과 같은 대사가 등장한다.

"증명되지 않은 건 믿지 않는다. 그것이 수학자야."

세상은 언제나 익숙하지 않다는 이유로, 전에 없었다는 이유로, 실패 가능성이 있다는 이유로 새로운 생각을 의심한다. 그러나 역사는 늘 같은 이야기를 증언해 왔다. 조롱과 반대를 뚫고 나온 생각들이 결국 '진리'가 된다는 것을. 라이트 형제가 하늘을 날겠다고 했을 때 사람들은 그들을 '미친 사람들'이라며 비웃었고, 에디슨이 수천 번의 실패 끝에 전구를 만들려 했을 때 모두가 그를 '망상가'로 치부했다. 그들은 보란 듯이 성공했고, 세상을 변화시키는 '혁신'의 주인공이 되었다. 그러자 사람들은 다시 말한다.

"그저 천재일 뿐이잖아?"

"모든 진리는 세 단계를 거친다. 처음에는 조롱당하고, 두 번째는 격렬히 반대되며, 세 번째에는 자명한 것으로 받아들여진다."

"All truth passes through three stages. First, it is ridiculed. Second, it is violently opposed. Third, it is accepted as being self-evident."

독일 철학자 쇼펜하우어 역시 평생 주류 철학계에서 외면받았다. 그의 철학은 지나치게 비관적이고 개인주의적이어서, 당대 시대정신과 부합하지 않는다는 평을 받았다. 조롱과 침묵 속에 살았지만, 그의 사유는 플라톤과 칸트의 전통을 이어받은 튼튼한 기반 위에 놓여 있었다. 아이러니하게도 그가 재조명된 것은 사후였다. 숱한 진리가 그러하듯, 그의 철학도 살아 있을 때는 인정받지 못했으나 결국 시간이 그 가치를 증명한 셈이다. 그는 누구보다도 잘 알고 있었다. 새로운 생각은 언제나 처음에는 틀렸다는 비난을 받는다는 것을.

물론 어떤 이는 이렇게 반문할지도 모른다.

"망상을 혁신이라 믿고 인생을 허비하는 사람도 있지 않은가?"

물론 틀린 말은 아니지만, 이는 '혁신'과 '망상'의 차이를 이해하면 쉽게 풀리는 문제다. 두 개념은 모두 처음에는 낯설며, 기존 질서를 깨뜨리려 한다는 공통점이 있다. 여기서 쇼펜하우어는 현실을 냉철하게 직시하되, 그 바탕 위에 실현 가능한 미래를 구상해야 한다고 역설했다. 라이트 형제와 에디슨이 이루고자 했던 일 역시, 어느 봄날 소나무 아래에서 감이 떨어지기만을 기다리는 안일한 태도였다면 그저 망상에 지나지 않았을 것이다. 혁신을 가르는 핵심은 현실에 뿌리내린 비전, 책임감 있는 신념, 그리고 끝내 실행하는 용기와 끈기였다.

이처럼 진리에 도달하기 위해서는 주변의 시선과 조롱, 비난 속에서도 흔들리지 않는 내면의 중심이 필요하다. 굳건한 믿음이 없다면 혁신은 결코 현실로 구현될 수 없다. 조롱에 직면했을 때 우리가 견지해야 할 태도는 억울함이나 분노가 아닌, 냉철한 확신과 끈기 있는 실행력이다. 바로 그 자세가 조롱과 반대를 넘어 결국 진리를 창조하는 원동력이 된다.

다음은 조롱과 반대를 넘어가기 위해 필요한 3가지 내면 훈련이다.

첫째, 조롱은 당연한 과정이라고 여길 것 — 미리 예상하고 대비하라.

둘째, 감정적 대응 대신 실행을 택할 것 — 행동으로 증명하는 태도를 훈련하라.

셋째, 현실을 외면하지 말 것 — 실현 가능한 상상은 혁신이 되고, 현실을 외면한 상상은 망상이 된다.

세상이 당신의 생각을 비웃을 때, 억울해하거나 설득하려 애쓸 필요가 없다. 중요한 것은 묵묵히 증명하는 일이다. 말로가 아닌 결과로, 이론이 아닌 실천으로 보여주는 것. 조롱받을수록 더욱 차분하게, 성실하게, 단단하게. 쇼펜하우어가 그랬던 것처럼 우리도 '증명'해야 한다.

Yun Dong-ju
윤동주

아이유의 외할머니,
윤동주의 빼앗긴 조국

아이유는 데뷔 이후 줄곧 외할머니의 부재에 관해 이야기해 왔다. 어린 시절 가장 큰 버팀목이었던 존재를 잃은 경험은 그녀의 많은 곡에 그림자처럼 드리워져 있다. 할머니가 좋아할 음악을 만들고 싶다는 다짐 속에서 잃어버린 것을 되찾으려는 삶의 방향은 그녀를 더 먼 곳으로 이끌었다. 상실은 이처럼 모순적인 힘을 지닌다. 사람을 무너뜨리기도 하지만, 동시에 살아가게 하는 불씨가 되는 것이다. 과거에도 이와 유사한 인물이 있었다. 노래 대신 시로 부재를 이야기해 온 사람, 바로 시인 윤동주다.

"나는 내가 잃어버린 것을 찾기 위해 살아간다."

"I live to find what I have lost."

윤동주는 일제강점기의 시대적 상실 속에서, 시를 통해 빼앗긴 조국과 순수한 자아를 되찾고자 했다. 그는 특별한 영웅이 아니라 그 시대를 살아간 한 명의 청년에 불과했지만, 조국과 문화, 심지어 이름까지 빼앗기는 현실 앞에서도 무너지지 않았다. 겉으로는 모든 것을 잃었지만, 가슴속에서는 절대 놓지 않으려는 믿음으로 싸워왔다. 언젠가 되찾을 수 있다는 그 믿음 덕분에, 그의 시에는 여전히 아픔을 넘어선 성찰과 인간다운 존엄의 울림이 깃들어 있다. 인간은 무언가를 잃고 나서야 진정으로 원하는 것을 깨닫는다. 부모를 잃은 이가 보육사가 되고, 폭력 피해자가 인권운동가가 되며, 실패를 겪은 이가 같은 실패를 겪는 사람들의 조력자가 되는 것은 결코 우연이 아니다. 상실은 우리를 삶의 가장 깊은 곳으로 이끌어, 무엇을 붙잡아야 할지를 깨닫게 한다. 처음에는 공허와 절망만이 느껴지지만, 그 안에서 의미를 찾으려는 순간, 새로운 길이 열린다.

윤동주가 시를 쓰며 자아를 성찰했듯, 우리 역시 상실이라는 거울을 통해 내면을 마주해야 한다. 유리가 깨져야 속의 결이 보이듯, 상실은 끝이 아닌 시작이다. 무언가를 되찾고자 하는 마음이 일어나는 순간, 인생은 다시금 흐름을 되찾는다. 잃어버린 것은 단순한 비극이 아니라, 살아갈 이유를 절실히 일깨워주는 감정이 될 수 있다. 글쓴이인 나 역시 혈액암을 겪으며 모든 것을 잃었다고 생각했다. 그러나 그 무너짐 속에서 "진짜 내가 원하는 삶은 무엇인가?"라는 물음을 붙잡게 되었다. 이 책을 쓰게 된 이유가 바로 여기에 있다. 상실이 나를 꺾지 않고 다시 일어서게 한 힘이 되었듯이, 독자 여러분에게도 동일한 가능성이 열려 있음을 알리고 싶다.

지금 당신이 잃어버린 것은 단순한 결핍이 아니다. 그것은 다시 살아갈 이유이자, 삶의 무늬를 새롭게 엮어갈 재료다. 상실은 우리를 무너뜨리지만, 동시에 다시 일어서게 만드는 힘이기도 하다. 더는 상실을 두려워하지 마라. 되찾고 싶은 것을 발견하는 순간, 당신의 삶은 이전보다 더 단단해지고, 더 깊어지며, 더 빛날 것이다.

☾

Simon Critchley
시몬 크리틀리
죽음을 두려워하는 자, 삶을 깊이 사랑할 수 없다

밤이 깊어지고 침대 위에 누워있다 보면 유난히 방 안이 고요하게 느껴지는 때가 있다. 그럴 때면 문득 이런 생각이 스쳐 지나가곤 한다.

'나는 언젠가 사라진다.'

이 단순한 사실에 우리는 순식간에 얼어붙고 만다. 잊고 지내는 사이 우리는 계속 나이를 먹어왔고, 그 사이 무엇 하나 제대로 이룬 게 없었다. 사람들은 대개 이 불안을 밀어내려 하지만, 시몬 크리틀리는 정반대로 말했다.

"죽음을 성찰하는 것은 삶을 사랑하는 가장 깊은 방식이다."
"Reflecting on death is the deepest way to love life."

영국 출신의 현대 철학자인 시몬 크리틀리1960~는 철학을 그저 난해한 이론으로 치부하지 않았다. 그는 인간 생의 시작과

끝을 꿰뚫어 보며, 진정한 철학은 죽음에 정면으로 맞서는 태도에서 비롯된다고 믿었다. 그에게 철학적 사유는 거창한 체계가 아닌, 삶의 한복판에서 불안을 감내하도록 돕는 소박한 도구였다. 사람들은 흔히 죽음을 떠올릴 때 허무와 절망을 먼저 떠올린다. 그러나 크리틀리는 죽음을 통해 삶의 빛을 고양하려 했다. 죽음을 외면하는 순간 삶은 흐릿해지지만, 죽음을 정면으로 응시하는 순간 삶은 한층 더 선명해진다는 것이다.

크게 앓아본 사람은 안다. 한 번 죽음을 자각하고 나면, 오늘이 마지막일 수도 있다는 생각에 하루하루를 더욱 충실히 살아가게 된다. 남은 삶에 그 어떤 의미도 부여하지 않은 채, 자연스레 인생의 의미를 새기기 시작하면 삶이 완성된 답안지가 아닌, 스스로 써내려 가는 미완의 원고임을 깨닫게 된다. 이처럼 죽음에 대한 성찰이 불러일으키는 감정은 공허함이 아닌, 자유를 향한 신호가 된다.

죽음을 깊이 생각하는 사람은 절대 삶을 가볍게 흘려보내지 않는다. 그들은 사랑과 표현을 아끼지 않는다. 우리 역시 죽음을 직접 경험하지 않더라도 이 감정을 충분히 느낄 수 있다. 일기를 쓰며 하루를 되돌아보는 일, 사랑하는 사람에게 뒤늦게라도 고마움을 전하는 용기, 문득 산책길에 하늘을 올려다보는 순간. 거창한 각오보다는 작은 행동으로 충분하다. 소소한 일상을 되돌아보는 것만으로도 불안을 다스리고, 허무를 삶의 동력으로 바꿀 수 있다.

죽음은 몰랐던 삶의 가치를 보게 하는 렌즈와 같다. 죽음을 마주하는 순간, 으늘 하루가 새롭게 빛난다. 여전히 많은 이들이 죽음을 불길하게 여기며 입에 올리는 것조차 꺼리지만, 외면한다고 해서 죽음이 사라지는 건 아니다. 오히려 외면할수록 그 두려움은 커지 삶은 얕아진다.

죽음은 멀리 있는 것이 아니라 언제든 내게 올 수 있는 존재다. 그러니 죽음을 성찰하는 일이 곧 삶을 가장 생명력 있게 만드는 일임을 잊지 말자. 영원히 살 것처럼 착각하는 순간 우리는 불안에 휘둘리지만, 삶이 유한하다는 사실을 받아들일 때 비로소 하루의 소중함을 온전히 느낄 수 있다.

William James
윌리엄 제임스

하버드 의대를 졸업한 심리학자의 원칙: 흘려보내라

2011년 개봉작, 영화 『마진콜Margin Call』에는 흥미로운 장면이 나온다. 회사의 심각한 재정 문제를 보고받은 사장은 MIT 박사 출신 직원에게 이렇게 말한다.

"어린애나 강아지에게 설명하듯 쉽게 말해보게."

그러자 직원은 담담히 대답한다.

"제 연봉이 왜 높은지 아십니까? 일주일, 한 달, 일 년 후 상황을 예측하는 것. 놀랍게도 그게 전부입니다."

뛰어난 사람이란 단순히 박학다식하거나 만능인 사람이 아니다. 오히려 자신이 무엇을 잘할 수 있고, 무엇을 포기해야 하는지 명확히 아는 사람이다. 선택과 집중의 기준을 갖춘 사람, 바로 그 사람이 진정으로 지혜로운 존재다. 윌리엄 제임스는 이러한 점에 대해 자신의 생각을 다음과 같이 피력했다.

"현명해지는 기술이란, 무엇을 간과해야 하는지를 아는 것이다."

"The art of being wise is the art of knowing what to overlook."

제임스는 19세기 미국의 철학자이자 심리학자로서, 하버드대 의대를 졸업했지만, 의사 대신 인간의 정신 구조와 의식의 흐름을 깊이 연구하며 현대 심리학의 기초를 다진 인물로 평가받는다. 그는 삶 속에서 우리가 겪는 복잡한 선택과 갈등의 핵심을 '집중력'과 '선택'에서 찾았다. 실제로 수많은 연구와 사례를 거듭한 끝에, 제임스는 "주의attention는 곧 의식의 방향이다"라는 결론에 도달했다. 우리가 무엇에 집중하고 무엇을 간과하느냐가 곧 우리의 삶을 결정한다는 뜻이다. 제임스에게 있어 "무엇을 간과할 것인가?"는 포기가 아닌 한정된 에너지를 가장 중요한 것에 쏟기 위해, 불필요한 것들을 의도적으로 흘려보내는 적극적인 '집중의 기술'을 의미한다.

오늘날 우리는 모든 걸 잘 해내야 한다는 압박 속에서 살아간다. 학교에서는 성적과 수행평가, 회사에서는 보고서와 성과지표, 가정에서는 관계와 책임감까지. 우리는 자신도 모르게 모든 걸 해내야만 살아남을 수 있다는 강박에 사로잡혀 있다. 마치 수행 능력이 곧 개인의 역량을 증명하는 전부인 것처럼 여겨지기 때문이다.

그러나 이럴 때일수록 던져야 할 질문이 있다.

"지금 내가 하고 있는 이 일, 정말 다 해야 하는 일인가?"

높은 수행 능력이 곧 현명한 판단력을 담보하는 것은 아니다. 때로는 능률보다 의도적인 무시가 더 큰 성과를 가져오기도 한다. 완벽한 사람은 없고 우리에게 지시하는 이들 역시 단지 특정 영역에 더 숙련되었을 뿐이다. 그들이 진정 능숙한 것은 모든 걸 다 하는 능력이 아니라, 무엇을 간과해야 하는지를 아는 기술이다.

이는 인간관계에서도 마찬가지다. 때로는 감정적인 말, 판단, 편견, 지시 등을 무의미한 잡음처럼 흘려보내는 것. 누군가의 말이 항상 옳은 것은 아니며, 나이·직위·경력이 그 판단을 정당화하지도 않는다. 오히려 관계 속 잡음을 무시할 줄 아는 태도가 우리를 지켜낸다.

결국 제임스가 강조한 올바른 지혜는 '무엇이든 할 수 있는 사람'이 아닌, '무엇을 하지 않아도 되는지 아는 사람'이다. 내려놓아야 할 건 과감하게 포기하고, 내게 진짜 필요한 것만 남겨두는 것. 삶의 두께는 이렇게 가벼워진다.

결국, 삶에서 우리가 길러야 할 역량은 세 가지다.

첫째, 해야 할 일을 알아보는 판단력
둘째, 할 수 있는 일과 하지 않아도 되는 일을 구분하는 기준
셋째, 불필요한 것을 흘려보내는 태도

이를 실천하는 방법은 어렵지 않다.

- 매일 하루를 시작할 때, '오늘 반드시 해야 할 일'을 한 가지 적는다.
- '해도 되는 일'과 '굳이 하지 않아도 되는 일'을 구분하여 목록을 만든다.
- 하루가 끝날 때 '무시해서 잘한 일'을 하나 떠올려 본다.

이 단순한 훈련은 점점 나만의 선택 기준을 만들어주고, 외부의 기준에 덜 흔들리게 한다. 완벽을 향한 헛된 시도 대신, 소중한 것에 집중하는 의식적인 선택. 그것이야말로 윌리엄 제임스가 말한 '현명해지는 기술'이다.

Thomas Nagel
토마스 네이글
타인을 이해하는 데에는 몰입이 필요하다

뜬금없는 질문을 하나 던지겠다.

"박쥐가 된다는 것은 무엇인가?"

밤하늘을 나는 박쥐는 눈 대신 초음파로 세상을 인지한다. 우리는 그 메커니즘을 연구하고 수치로 기록할 수 있다. 그러나 박쥐의 감각으로 세상을 경험하는 것이 무엇인지, 그 낯선 세계의 질감을 과연 완전히 이해할 수 있을까? 이 질문은 철학자 토마스 네이글이 제기한 가장 유명한 문제다. 그는 말했다.

"타인의 입장에서 본다는 것은 인간이 할 수 있는 가장 근본적 도덕적 상상이다."

"To see from another person's point of view is the most fundamental moral imagination human beings can have"

토마스 네이글1937~은 미국의 철학자로, 1974년 발표한 〈박쥐가 된다는 것은 무엇인가?〉에서 의식의 본질을 탐구했다. 그는 뇌과학과 물질주의로는 설명할 수 없는 차원을 지적했다. 바로 질적 경험qualia, 즉 '무엇을 느끼는가?'라는 주관성의 문제다. 신경세포의 작동 방식은 설명할 수 있어도, 실제로 '아프다'는 감각을 과학으로는 온전히 풀어낼 수 없다. 네이글은 바로 이 지점에서 철학의 역할을 찾았다. 객관적 설명으로 설명되지 않는 바로 그 영역, 주관성에 인간다움이 깃들어 있다고 본 것이다.

우리는 흔히 '과학이 발전하면 모든 것이 설명될 것이다'라고 믿지만, 네이글은 설명만으로 만족할 수 있는가 되묻는다. 슬픔을 단순히 화학적 분비물로, 사랑을 호르몬 반응으로만 정의할 수 있을까? 설명은 빛을 줄 수는 있어도, 경험의 온기를 대신하지는 못한다. 그래서 철학은 차갑게 분석하는 학문이 아니라, 따뜻하게 되묻는 학문이어야 한다고 그는 말한다.

우리는 종종 타인의 내면을 이해하지 못해 답답하고 무기력해지는 경험을 한다. 이는 타인을 오직 데이터로만 접하고 이해하려 하기 때문이다. '전체의 몇 퍼센트가 불안을 겪는다', '이만큼이 빈곤하다' 등으로 분석하려 하지만 숫자는 상대가 가진 실제의 떨림과 감정을 결코 구현해 낼 수 없다. 연인의 눈빛 속 슬픔을 이해하는 데에는 설명이 아닌 몰입과 상상력이 필요하다. 사회적 갈등 현장에서 소수자의 목소리를 경청할 때도 마찬가지다. 그들의 삶을 알았다고 말하기 전에, 먼저 느끼려는 역지사지의 태도가 있어야 진정한 공감이 가능하다.

네이글이 말하는 도덕적 상상이란 바로 이러한 부분을 말하는 것이다. 그는 이러한 부분이 개인의 성향 차이 정도로 나뉘는 것이 아닌, 훈련을 통해 발전시켜 낼 수 있는 하나의 기술적인 영역이라고 바라봤다. 상대의 입장을 끊임없이 헤아리고, 감정을 함께 느끼려 노력하며, 머릿속에서 단순화해 쉽게 단정 짓는 습관을 경계하는 훈련. 이것만으로도 더 높은 수준의 감정 교감이 가능하다는 것이다. 결국 의식은 객관적 설명만으로는 절대 포착되지 않는다. 철학은 타인의 경험을 존중하는 상상력이며, 그 상상력을 끊임없이 단련하는 일이다.

이제 질문은 나 자신에게 돌아온다.

"오늘 나는 상대방의 세계를 얼마나 진지하게 상상했는가?"
"나는 왜 그 사람에게 그런 감정을 느끼는가?"

네이글의 통찰은 바로 이 지점을 환기한다. 타인을 존중한다는 것은 상대를 수치로 설명하는 것이 아니라, 그의 세계를 상상하고 느끼는 가치 있는 일이다. 객관적 사실을 넘어, 주관적 경험을 귀하게 여길 때, 우리는 비로소 타인을 이해할 뿐 아니라 나 자신까지도 새롭게 이해할 수 있다.

Thich Nhất Hạnh
틱낫한

사랑이란 그 사람을 위한 바람이 되어주는 일이다

사랑이 시작될 때면, 어김없이 두 손님이 우리를 찾아온다. 한 손님은 "혹시 떠나버리진 않을까?"라는 이름의 '두려움'이고, 다른 한 손님은 "부디 나의 마지막이 되어 달라"라는 이름의 '열망'이다. 처음에는 이 두 손님이 정겹게 느껴지곤 한다. "보고 싶다"는 말은 '애틋함'이며, "자주 연락하자"는 말은 '관심'으로 비치기 때문이다. 그러나 시간이 흐르면서 이 감정에 불안이 스며들고, 이내 두려움으로 변해 상대를 더 붙잡으려는 욕망으로 바뀐다. 아이러니하게도, 그때부터 사랑은 서서히 자유를 잃어가고 감옥 속에 갇히기 시작한다.

틱낫한1926~2022 스님은 바로 이 지점을 예리하게 지적한다. 진짜 사랑은 상대를 붙드는 것이 아니라 자유롭게 날도록 허락하는 일이라는 것이다.

"사랑이란, 누군가를 붙잡는 것이 아니라 그 사람이 더 멀리,

더 높이 날 수 있도록 바람이 되어주는 일이다."

"Love is not about holding someone back, but about becoming the wind that helps them fly farther and higher."

틱낫한은 사랑의 네 가지 본질을 잃지 말아야 한다고 강조했다. 자애상대가 행복하기를 바라는 마음, 연민고통을 덜어주려는 마음, 기쁨함께하는 즐거움, 자유상대가 자기답게 살 수 있도록 돕는 마음. 이 네 가지가 조화를 이룰 때 사랑은 두려움과 집착이 아닌 '단단함'을 갖게 된다. 특히 마지막의 '자유'가 없다면, 사랑은 언제든 집착으로 기울 수 있다.

사랑이란 소유가 아니라 함께 빛나고 서로의 존재 가치를 높여주는 힘이다. 그럼에도 많은 사람은 사랑이 깊어질수록 '통제의 울타리'를 친다. 자주 연락을 요구하고, 일정을 공유하며, 좋아하는 취향이나 인간관계를 제한하려 든다. 이 모든 행동의 이면에는 "널 사랑하기 때문에"라는 명분이 따르지만, 냉정히 보면 사랑보다는 '불안'이 더 크게 작용하고 있다. 떠날까, 변할까, 나를 버릴까 하는 두려움은 결국 상대를 붙잡고 가두려는 충동으로 이어진다. 그 결과 사랑이라는 이름으로 상대를 질식시키는 결과를 낳는다. 이처럼 사랑과 집착은 종이 한 장 차이에 불과하다.

틱낫한은 이를 분명히 경계했다. 사랑은 상대를 소유하는 것이 아니라, 나로 인해 상대가 더욱 자유로워지도록 허락하는 것이다. 상대가 혼자만의 시간을 원한다면 존중하고, 스스로 선택한 길을 지지하며, 실패하더라도 그 경험을 통해 성장하도록 기다려주는 것. 이것이야말로 상대가 자유롭게 날갯짓할 수 있도록 허락하는 사랑이다.

상대를 사랑한다고 말할 때, 그 사람이 내 곁에 있으면서도 여전히 자기 자신일 수 있다면, 그것이 진정한 사랑의 증거일 것이다. 결국 사랑은 "함께할 때 더욱 자기답게 살아갈 수 있는가"로 증명된다. 그리고 언젠가 자유롭게 날아오른 그 사람이 스스로 곁에 머문다면, 그 사랑은 어떤 소유보다 깊고 단단할 것이다.

Kahlil Gibran
칼릴 지브란

돌아오면 내 것,
안 돌아오면 내 것이 아닌거다

"새벽에는 카톡 어플을 누르지도 마. 그건 단지 새벽 감성일 뿐이야."

밤이 깊어지면 우리는 무심코 휴대폰을 들여다보다가, 이제는 연을 끊은 누군가와 나눴던 대화를 다시 읽곤 한다. 그때 충동적으로 메시지를 보내고, 다음 날 후회하기 일쑤다. 주변 사람들은 새벽 감성에 속지 말라고 경고한다. 새벽 감성이라 불리는 것은 어쩌면 단순한 낭만이 아니라, 불안감의 반사작용일지도 모른다. 우리 자신도 이미 알고 있다. 이제는 놓아줄 때라는 것을. 그런데 어째서 미련을 버리는 게 이토록 어려운 것일까?

"진정 누군가를 사랑한다면 놓아주어라. 돌아온다면 늘 당신의 것이었고, 돌아오지 않는다면 애초에 당신의 것이 아니었다."

"If you love someone, let them go. If they return, they were always yours; if they don't, they never were."

《예언자》의 시인이자 사상가인 칼릴 지브란1883~1931은 사랑이 소유가 아닌 성숙을 위한 훈련임을 강조해 왔다. 우리가 이별에 공허함을 느끼는 이유는, 상대를 나의 일부처럼 여겨왔기 때문이다. 내 일부가 사라진 것 같은 상실감이 클수록 더 강하게 붙잡으려 하지만, 사실 상대는 처음부터 내 소유가 아니었다. 더욱 붙잡을수록, 오히려 더 빠르게 멀어진다. 지브란은 관계의 진정성은 집착이 아니라, 신뢰와 존중에서 비롯된다고 강조한다.

이해하기 쉽게 세 가지 유형의 사람들을 떠올려 보자.

첫째, 상대의 자유를 인정하며 연락이 줄어도 자기 경계를 지키는 사람. 이것은 '놓음'이다.
둘째, 아무 말도 하지 않고 흐르게만 두는 사람이다. 이것은 '방치'다.
셋째는 상대를 확인·감시를 반복하고 불안을 덮기 위해 상대를 조종하는 사람이다. 이것은 '집착'이다. 표면상으론 비슷해 보이지만, 여기에 중요한 차이가 있다. 하나는 자유를 보전하고 관계를 살리고, 하나는 책임을 회피하며 관계를 버리고, 하나는 모두를 소진시킨다는 점이다.

진정 내 것이었다면 애써 붙잡지 않아도 곁에 머물렀을 것이다. 반대로 내 것이 아니라면 아무리 붙잡아도 떠날 수밖에 없다. 중요한 건 '놓아야 할 때'를 아는 것이다. 끈기는 미래를 향한 기다림이지만, 집착은 과거에 매달리는 미련일 뿐이다. 끝을 인정하는 것은 실패가 아니라, 새로운 시작을 위한 자격을 얻는 과정이다. 그래서 지브란은 '놓아주는 것'을 포기가 아닌 '새로운 시작'으로 보았다. 진정으로 붙잡아야 할 것을 위해선, 놓아야 할 것을 미련 없이 내려놓을 수 있어야 한다. 흐르는 물을 억지로 움켜쥐려 하기보다 필요한 만큼만 취하듯, 흘러간다고 모두 사라지는 것은 아니며, 돌아온다고 해서 항상 옳은 것도 아니다. 인연을 놓는다는 것은 어쩌면 본질을 보기 위해 여백을 만드는 일이 아닐까.

때로는 놓지 못하는 이유를 '끈기'라는 이름으로 포장하기도 한다. 하지만 우리는 끈기와 집착을 분명히 구분해야 한다. 전자는 미래를 향한 인내이고, 후자는 과거에 매몰된 현실 부정이다. 작별 의식은 간단할수록 효과적이다. 24시간 동안 연락·확인·감시를 중단해 보라. 그리고 그 시간 동안 떠오르는 감정을 세 줄로 요약하고 이렇게 선언해 보라.

"나는 너의 자유를 존중한다. 대신 내 경계도 지킨다."

이 문장을 미리 준비해 두고, 마음이 요동칠 때마다 꺼내어 읽어라. 또한 확인 횟수를 줄이는 만큼, 먹고·자고·움직이고·창작하는 등 자기 돌봄으로 채워라. 놓는다는 것은 패배가 아니라 나를 위한 선택이다. 억지로 바꾸려 하지 말고, 흘러가게 두되, 진실을 말하고 나의 경계를 지키는 것. 그것이 곧 지브란이 말한 성숙한 사랑의 시작이다.

Han Yong-un
한용운

'떠남'이 곧 '만남'이 되는 놀라운 인연의 미학

누군가를 만날 때, 우리는 기쁨과 동시에 마음 한편에 두려움을 품는다. 그 두려움은 언젠가 이별이 찾아올 것이라는 예감에서 비롯된다. 친구를 만나고, 연인을 껴안으며, 가족과 함께 웃는 순간에도 우리는 언젠가 이 행복한 시간이 끝날 것을 안다. 그렇다고 만남을 피하지는 않는다. 오히려 그 두려움을 안고서도 살아간다. 그리고 이별의 순간조차 또 다른 믿음을 붙든다.

바로 '다시 만날 수 있다'는 믿음이다.

"우리는 만날 때에 떠날 것을 염려하는 것과 같이 떠날 때 다시 만날 것을 믿습니다.

"Just as we worry about parting when we meet, we believe we will meet again when we part."

독립운동가이자 시인인 한용운1879~1944은 수많은 이별과 상실을 통해 '만남과 이별'의 철학을 시 속에 녹여냈다. 그는 인간에게 이별은 단순한 단절의 고통이 아니라, 다음 만남을 믿으며 견디는 것이라고 보았다. 우리는 흔히 인연을 선의 영역으로 여긴다. 시작이 있으면 끝이 있고, 끝나면 더 이상 이어지지 않는다고 생각한다. 하지만 한용운은 삶을 좀 더 깊이 들여다보면 인연은 선이 아닌 원에 가깝다고 말했다. 한 번 스친 사람, 오래 함께했던 관계, 심지어 짧은 만남조차 원의 일부가 되어 다시 이어질 수 있다고 본 것이다. 옷깃만 스쳐도 인연이라 하는 이유는, 그 만남이 결코 단절된 사건이 아니기 때문이다.

이러한 관점에서 보면, 일상 속 수많은 이별이 새롭게 다가온다. 사랑하던 연인을 떠나보내는 아픔은, 삶의 태도를 바꾸는 연결점이 되어, 또 다른 인연으로 이어진다. 오래 타던 자동차를 보내며 느끼는 허전함 역시, 결국 그 자리에 새로운 동행이 올 것을 알기 때문일 것이다. 부모가 자식을 떠나보내는 순간은 단절이 아닌 또 다른 관계의 시작이며, 죽음 또한 남은 이들의 기억과 또 다른 만남 속에서 이어지며 그 자체로 하나의 순환을 이룬다.

이처럼 그에게 이별은 관계를 새롭게 다지는 힘이었다. 전쟁터로 떠나는 가족에게 "꼭 살아 돌아와"라고, 멀리 떠나는 친구에게 "다시 만나자"라고 말하는 것 역시 그 때문이다. 이 말 속에는 단순한 위로가 아닌, 인간이 이별을 견디는 방식이 담겨 있다.

그러니 이별을 관계의 종말로 단정 짓지 말자. 이별은 원 안에서 새로운 시작을 준비하는 쉼표로 보는 것이 옳다. 이별을 두려워하기보다, 그 안에 담긴 순환의 의미를 헤아려야 한다. 결국 중요한 것은 이별한다는 사실이 아니라, 그 이별을 어떻게 해석하느냐이다. 끝이라고 생각하면 절망이 되지만, 순환이라 생각하면 희망이 된다. 떠남은 또 다른 만남의 시작이며, 상실은 새로운 연結의 가능성이 된다. 떠나는 순간에도 우리는 결코 완전히 떠나는 것이 아니다.

"떠날 때 다시 만날 것을 믿으라."

인연은 끝나는 것이 아니라, 다시 이어지기 위해 잠시 멈추는 것일지도 모른다. 그리고 그 믿음이 있기에 우리는 오늘도 이별을 견디며, 다시 만남을 준비한다.

Yi Sun-sin
이순신

전쟁 같은 인생을 승리로 바꿔내는 방법: '이순신다움'

숫자만으로도 전설이 된 장군이 있다. 불가능을 가능으로 바꾸고 스물세 번 싸워 모두 승리한 사람, 바로 충무공 이순신 1545~1598이다. 그의 승리가 위대한 이유는, 당시 조선 수군에게는 애초에 보장된 승리란 없었기 때문이다. 이미 육지전에서는 연전연패했고, 왜군의 압도적인 병력 앞에서 승리보다 패배가 당연하게 여겨지던 시절이었다. 게다가 그는 임진왜란 초기에 상관의 모함으로 옥살이를 했고, 백의종군하며 전장을 떠도는 좌절을 겪었다. 그 사이 수군은 거의 전멸했고, 조선은 나라 전체가 무너지는 듯한 위기를 맞았다. 그러나 그는 무너진 배와 병사를 다시 일으켜 세웠고, 열두 척으로 수백 척을 격파한 '명량해전'에서 마침내 전설이 되었다. 그에게는 숫자보다 더 굳건한 믿음이 있었기 때문이다.

"전쟁은 숫자가 아니라, 용기와 전략으로 이긴다."
"Wars are won not by numbers, but by courage and

strategy."

실제 그가 느꼈을 법한 순간을 상상해 보자. 눈앞에는 수십 배에 달하는 적군이 득시글거렸고, 믿을 만한 자원은 고갈되었으며, 아군의 사기는 땅으로 떨어져 있었다. 겉으로는 흔들림 없는 장수였지만, 그의 내면에는 분명 두려움이 도사리고 있었을 것이다. 그럼에도 그는 물러서지 않았다. 숫자로 점쳐지는 승패의 조건에 굴하지 않고, 지형을 꿰뚫는 전략과 두려움을 극복하는 용기를 선택했다. 이 명언은 절망적인 상황 속에서, 현실과의 괴리를 극복하며 터져 나온 강력한 외침이었다.

우리의 삶 또한 이와 크게 다르지 않다. 상투적인 표현일 수 있으나, 하루하루가 전쟁과도 같다. 자본과 인맥이 부족한 창업자, 홀로 아이를 키우는 부모, 무너진 자존감을 붙들고 다시 일어서는 사람들, 지옥 같은 출근길을 버티며 회사에 도착하는 직장인들까지. 모두가 각자의 전장을 살고 있다. 이순신의 어록은 우리에게 묻는다.

"당신은 지금 충분히, 이순신답게 싸우고 있는가?"

우리의 삶은 단 한 번도 유리하게 흘러간 적이 없다. 언제나 열세였고, 그 열세를 극복해야만 살아남을 수 있었다. '이순신

스러움'은 이러한 열세를 적극적으로 활용하는 데 있다. 오히려 열세에 놓인 쪽이 주도권을 쥐고 더 큰 힘을 발휘할 수 있다는 의미다. 열세는 약점처럼 보이지만, 그 속에는 기민함이 숨어 있다. 소수는 재빠르게 움직이고, 더 단단한 결속력을 다지며, 물러설 곳 없는 절박함을 무기로 삼는다. 반면 다수는 방심하기 쉽고, 관성에 젖어 느슨해지기 마련이다. 싸움은 수치로 시작되지만, 승패를 결정짓는 건 언제나 정신과 전략이었다.

우리는 질문해야 한다. 그간의 패배가 정말 결핍 때문이었는지, 아니면 용기와 준비 부족 때문이었는지. 극소수를 제외하고 모두가 열세인 상황에서, 우리는 부족함을 핑계 삼아 멈춰 있던 건 아니었는가. 그동안 누군가는 전략을 수립하고, 용기와 결합한 전략으로 열세를 극복할 무기를 만들었는데도 말이다.

이제 다시 묻는다.

우리는 과연 '이순신'처럼 싸우고 있는가?
눈앞의 숫자와 조건에 굴복하여 멈춰 서 있는가?
열세 속에서도 기민함과 결속, 절박함을 무기 삼아 싸우는가?
열세에 굴복할 것인가?
이순신 장군처럼 열세를 역전의 기회로 삼을 것인가?

오늘, 광화문 한가운데 그의 동상은 묵묵히 우리를 내려다보며 말한다.

"두려워 말고, 결핍을 무기 삼아 싸우라."

Xunzi
순자

세상은 당신의 불편을 고려해 주지 않는다

하늘은 인간의 감정에 흔들리지 않는다. 그래서 오랜만에 떠난 휴가 때 폭풍우가 칠 수 있고, 연인과의 데이트 날에 황사가 불어올 수도 있다. 이 사실이 억울하게 느껴지지만, 우리는 자연의 일부일 뿐, 자연이 우리를 위해 존재하는 것은 아니다. 따라서 이 사실을 있는 그대로 받아들이고, 지혜롭게 극복할 방법을 찾아야 한다. 이 점을 일찍 깨달은 사람이 있었으니, 바로 전국시대의 유학자 순자荀子, 기원전 313~기원전 238다.

"하늘은 인간이 추위를 싫어한다고 해서 겨울을 멈추지 않는다."

"Heaven does not stop producing winter because humans dislike cold."

순자가 살았던 전국시대 말기는 그야말로 혼란 그 자체였다. 7개 나라가 끊임없이 다투며 전쟁이 일상이었고, 국경이 수시로 바뀌어 피난과 가난, 약탈이 만연했다. 당시 대부분의 사람은 미래를 꿈꾸기보다 당장 '오늘을 버텨내는 것'을 목표로 삼을 수밖에 없었다. 이러한 상황에서 순자는 "인간의 본성은 악하다"라는 도발적인 주장을 내놓았다. 인간은 본디 욕망과 나약함에 쉽게 휘둘리므로, 법法과 예禮로 끊임없이 자신을 단련해야 무너지지 않는다고 본 것이다.

이 주장이 갖는 가장 큰 의미는 인간의 운명이 하늘에 달린 것이 아니라 스스로 지키고 단련해야 한다는 주체적인 관점의 전환이라는 점이다. 세상은 우리의 감정이나 바람에 좌우되지 않는다. 그렇다면 우리는 무엇을 할 수 있는가? 바로 자기 자신을 굳건히 다스리는 것이다. 하늘은 스스로 움직이나, 인간은 감정에 휩쓸린다. 그러므로 진정한 지혜는 세상이 멈추기를 바라기보다, 그 흐름 속에서 자신의 자리를 지키는 법을 배우는 데 있다.

예컨대 직장에서 갑작스러운 구조조정 소식을 들었을 때 '왜 하필 지금인가?'라는 불만이 드는 것은 당연하다. 하지만 현실은 우리의 어려움을 헤아려주지 않는다. 중요한 것은 외부 변수가 아니라, 그것을 맞설 준비가 되어 있는 내면의 힘이다. 20대 청년이 입시와 취업 경쟁에서 느끼는 압박, 40대 중년이 건강 문제나 경제적 위기 앞에서 마주하는 무력감 또한 본질은 같다. 세상은 멈추지 않는다. 우리는 적응하거나, 더 강해지거나, 아니면 무너질 뿐이다. 순자는 적응을 굴복과 동일시해서는 안 된다고 보았다. 그는 인간이 의지와 수양을 통해 세상을 다스릴 수 있다고 믿었고 위기 앞에서 불평하기보다 돌파구를 찾는 태도가 중요하다고 말했다. 세상의 무심함은 냉혹해 보이지만, 사실은 인간이 성장할 수 있는 가장 좋은 훈련인 셈이었다.

그는 오늘날 우리에게 이렇게 말한다.

"세상은 당신의 불편을 고려해 주지 않는다. 그러나 당신은 세상의 냉혹함을 배워내는 힘을 가질 수 있다."

진짜 성장은 세상의 배려를 구하는 것이 아니라, 배려가 사라진 자리에 홀로 서는 순간에 시작된다. 세상은 결코 우리를 위해 멈추지 않는다. 그러나 우리는 그 냉혹함 속에서도 따뜻하게 살아낼 방법을 만들어낼 수 있다. 이것이야말로 순자가 전한 현실적 철학이며, 오늘 우리가 실천해야 할 지침이다.

Zhuangzi
장자

호접몽의 비화:
나는 나비인가? 인간인가?

어느 날, 장자는 꿈을 꾸었다. 그는 꿈속에서 한 마리 나비가 되어 꽃 사이를 자유롭게 날아다니며 즐거움을 만끽하고 있었다. 그 순간만큼은 분명 나비가 되어 바람의 결을 느끼고, 햇살의 온기를 누리며, 의심 없이 나비의 삶을 살았다. 그러나 눈을 뜨자, 그는 다시 이부자리에 누운 한낱 인간에 불과했다. 그때 장자는 묘한 질문을 떠올렸다.

"내가 지금 장자가 되어 나비의 꿈을 꾼 것인가, 아니면 지금은 나비가 장자의 꿈을 꾸고 있는 것인가?"

이 이야기가 바로 그 유명한 호접몽胡蝶夢이다. 이 물음은 우리 사회에서 현실과 꿈, 자유와 구속, 지각과 무지각, 이성과 본성 등 다양한 관점에서 해석되는 철학적 화두가 되었다. 여전히 이 문제가 유효한 이유는, 우리가 스스로 '올바르게 의식하며 살아가고 있다'고 믿는 착각 속에 빠지기 때문이다.

"꿈을 꾸는 동안 우리는 그것이 꿈이라는 것을 알지 못한다."
"During our dreams we do not know we are dreaming."

장자莊子, 기원전 369~기원전 286는 노자와 더불어 도가道家를 대표하는 사상가로서, '자유로운 삶'을 철학의 핵심에 두었다. 그의 글은 《장자》라는 이름으로 전해지며, 인간의 분별과 집착을 버리고 만물과 함께 자유로워질 때 비로소 진정한 삶을 누릴 수 있다고 역설했다. 장자가 말한 '꿈'은 단순한 잠의 경험이 아니라, 의심 없이 받아들이는 상태를 뜻한다.

꿈속에서는 어떤 기묘한 장면도 현실처럼 느껴진다. 현실도 크게 다르지 않다. 우리는 대학, 취업, 결혼, 육아, 은퇴라는 '정답지'를 맹목적으로 따라가며, 그것을 절대적인 삶의 방식이라 착각한다. 문제는 그 길이 옳으냐 그르냐가 아니라, 내가 스스로 선택했는가, 아니면 무심코 흘러왔는가에 있다.

자각 없는 삶은 꿈과 같다. 꿈속의 나는 자유롭지만, 동시에 아무런 책임도 없다. 반면 깨어있는 삶은 무겁지만, 그 무게는 곧 나의 주도권이 된다. 장자가 말하는 자유란 '하고 싶은 대로 사는 것'이 아니라, '내가 선택한 삶을 의심 없이 살아가는 것'

에 가깝다. 의지가 없는 삶은 언제나 타인의 무대에서 조연에 머무르지만, 의지가 깨어있는 삶은 비록 작은 무대일지라도 주연이 된다. 장자가 꿈과 현실의 경계를 허물며 던진 화두는 결국 이것이다.

"현실 같은 꿈을 살 것인가, 꿈같은 현실을 만들 것인가?"

그 선택은 오직 나의 의지에 달려 있다. "이건 내가 진짜 원하는 걸인가?"라는 질문을 하루에 한 번이라도 자신에게 던져보라. 답이 "예"라면 그 길을 더욱 단단히 걸어가고, "아니오"라면 작은 조정이라도 당장 시도하라. 새로운 공부를 시작하거나, 관계의 태도를 바꾸거나, 오랫동안 미뤄둔 일을 실행하는 것이다. 이제 무대는 준비되었다. 오늘의 한 걸음이 내일의 꿈을 현실로 바꾼다 그리고 그 순간, 장자가 말한 나비의 날갯짓은 더 이상 꿈이 아니라 깨어있는 삶의 자유로 이어질 것이다.

Laozi
노자

지식이 깊은 사람일수록 말을 적게 한다

새로운 사람들을 만나는 자리에서 늘 크게 공감하게 되는 속담이 있다. 바로 '빈 수레가 요란하다'이다. 마치 장기 자랑처럼 자신을 과시하며 인맥을 넓히려 하는 사람들은, 실상 그들이 보여주는 것만큼 대단하지 않은 경우가 많다. 오히려 침묵을 불편해하지 않고, 타인의 이야기에 조용히 귀 기울이는 사람들이 속이 꽉 찬 수레인 경우가 많다.

이처럼 인생을 경험할수록, 옛 성현들의 속담과 격언이 현재의 삶에 깊이 와닿는 순간이 많다. 수십 년, 수백 년의 시차가 있음에도, 그 의미를 이보다 더 간결하고 적절하게 표현할 방법을 찾기 어려울 정도로 명확하기 때문이다. 노자기원전 471~571, 추정의 《도덕경》 또한 여전히 우리에게 유효한 가르침을 전한다.

"아는 자는 말하지 않고, 말하는 자는 알지 못한다."
"Those who know do not speak. Those who speak do

not know."

  노자가 전하고자 한 핵심은, 진정한 앎은 '말 이전의 상태'라는 것이다. 지식이 깊어질수록 말은 줄어든다. 반대로 말이 많은 것은 아직 소화되지 않은 지식의 파편들을 흩뿌리는 것에 불과하다. 사람들은 흔히 말로 설득하고, 말로써 존재감을 드러내려 한다. 그러나 말이 넘쳐날수록 본질은 흐려지고, 진실된 모습이 가려진다. 역설적으로 침묵은 더 많은 것을 드러낸다. 불편한 웃음, 무의식적인 말버릇, 대화 맥락에서 벗어난 자랑 같은 사소한 단서들이야말로 그 사람의 내면을 드러내는 언어다. 침묵은 그러한 단서들을 포착하는 감각을 일깨우는 힘을 지니고 있다.

  오늘날 사회는 침묵의 가치보다 언변을 중시하는 경향이 있다. 회의에서 먼저 발언하거나, 대중 앞에서 유창하게 말하거나, 끊임없이 주장을 펼치는 사람에게 흔히 '능력 있다'는 평가를 내린다. 이 또한 맞는 말이지만, 말이 넘쳐나는 사회일수록 침묵의 가치는 올라가는 법이다. 상대의 말을 끝까지 경청하는 태도, 말 대신 던지는 한마디 질문, 적막 속에서 깊어지는 사유의 시간. 이러한 침묵의 과정이 없다면, 수많은 말은 결국 한낱 소음에 지나지 않는다. 그렇다면 우리는 왜 침묵을 두려위하는가? 아마도 침묵 속에서 고스란히 드러나는 자기 모습이 불편하기 때문일 것이다. 침묵은 타인의 민낯은 물론, 자신의 내면 깊숙한 곳까지 드러내기 때문이다. 그러나 바로 그 불편함을 감수하는 순간, 우리는 더 깊은 성찰의 세계로 나아갈 수 있다. 침묵은 스스로를 가장 솔직하게 대면하도록 이끄는 도구와 같다.

성숙이란 말솜씨를 늘리는 데 있는 것이 아니라, 침묵 속에서 세계와 자신을 더욱 깊이 통찰하는 능력에 달려 있다. 노자가 남긴 "知者不言지자불언, 言者不知언자부지"는 단순히 '말하지 말라'는 강요가 아니라 진정한 앎이 말 너머에 머무른다는 뜻이다. 우리는 장황한 말에 설득되는 존재가 아니라, 깊은 침묵 속에서 비로소 진실을 자각하는 존재다. 그러니 이제는 '말하지 않는 것'의 가치를 두려워하지 말자. 침묵은 무지가 아니라 충만함의 다른 표현이다. 저평가된 침묵의 가치를 회복할 때, 우리는 더 크게 듣고, 더 넓게 보고, 더 단단하게 성장할 수 있다.

Mozi
묵자

불평 많은 사람이 꼭 배워야 하는 단 한가지 스킬

회사를 다니다 보면 군집을 이뤄 타인을 비난하거나, 근무시간에 따로 여론을 형성하고 타인을 끌어내리는 사람들이 있다. 그들은 카페에 모여 달콤한 케이크를 나누지만 혀는 칼날처럼 날카롭게 타인을 비방하고, 곱게 바른 얼굴 뒤로는 타인을 끌어내리려는 고순적인 모습을 보인다. 독한 마음을 지닌 그들의 말엔 정작 '어떻게 도움을 줄 것인가'라는 물음이 존재하지 않는다. 문제를 지적하는 행위는 순간적인 통쾌함과 우월감을 줄 수 있을지 몰라도, 대안 없는 비판은 결국 뒷말로 소모되고 만다.

묵자墨子, 기원전 470~391가 활동했던 춘추전국시대가 바로 그러한 혼란의 시대였다. 수많은 제자백가가 저마다의 주장을 펼쳤으나, 대부분 구호와 원칙의 나열에 머물렀을 뿐, 현실을 바꾸지는 못했다. 그 때문이었을까. 묵자는 공자가 주장한 예禮와 도덕道德을 넘어, 현실을 변화시키는 실질적인 방안을 모색했다. 그의 철학은 언제나 실천적인 면모를 강조했다.

"제안 없는 비판은 홍수를 홍수로 막으려는 것과 같다."

"Criticism without suggestion is like trying to stop flood with flood."

문제만 지적하는 대화는 고여 있는 호수와 같다. 요란한 소리만 있을 뿐, 흐름은 없는 것이다. 그때 필요한 것은 작은 돌멩이 하나, 즉 "How?"라는 질문이다. "어떻게?"라는 말이 던져지는 순간, 고요한 호수에 파문이 일듯 대화는 새로운 방향으로 나아가기 시작한다. 불평의 웅덩이도 질문하는 순간, 해결의 강으로 바뀔 수 있다.

일상으로 다시 돌아가 보자. 회의에서 "이건 문제야"라는 말만 되풀이하면 분위기는 무거워지고 책임은 방기된다. 그러나 "그럼 이렇게 바꾸는 건 어때요?"라는 제안이 나오면, 같은 회의실은 즉시 가능성의 실험실로 바뀐다. 관계에서도 마찬가지다. 불편함을 지적하는 데서 멈추지 않고 "앞으로 이렇게 지내면 좋겠어"라고 말할 때, 비난은 소모적인 행위가 아니라 성장을 위한 밑거름이 된다. 묵자는 바로 이처럼 흐름을 전환하는 기술의 중요성을 강조했다. 세상을 바꾸고 싶다면 날이 선 비판을 늘어놓을 것이 아니라, 제안하는 언어를 사용할 줄 알아야 한다. 진정한 힘은 문제를 드러내는 데 있지 않고, 길을 제시할 용기에 있다.

우리도 스스로에게 물어야 한다. 나는 지금 비난의 호수에 또 다른 물을 퍼붓고 있는가, 아니면 "어떻게?"라는 작은 돌멩이를 던져 흐름을 바꾸고 있는가? 말 한마디는 공동체를 무겁게도, 가볍게도, 멈추게도, 흐르게도 한다. 오늘 당신의 언어가 멈춰 선 호수를 만들지, 아니면 흐르는 강을 만들지는 오직 당신의 선택에 달려 있다.

Confucius
공자

세상의 모든 관계를
자신을 연마하는 장으로 만들어라

타인을 비난하기는 쉽지만, 그를 통해 자신을 성찰하기는 어렵다. 그러나 성숙한 이는 타인을 거울삼아 자신을 비추고, 미숙한 이는 타인을 함부로 단정 짓는다. 곰곰이 생각해 보면, 이는 자못 번거로운 일이 아니다. 그러나 성숙하기 위해선 결국 번거로움을 감내해야 한다. 여기서 대다수는 이렇게 반문할지 모른다.

"굳이 그렇게까지 자신을 다듬어야 하는가?"

그러나 이 물음에 정직하게 맞서는 순간, 우리는 비로소 성장의 문턱에 다다른다.

이 묵은 화두를 가장 먼저 꿰뚫어 본 철학자가 바로 공자孔子, 기원전 551~479이다. 혼란과 분열의 춘추 시대 속에서 그는 예禮와 도덕道德을 숭상하며 인간이 살아갈 길을 모색했다. 그의 가르침은 단순한 도덕 교과서의 권면이 아니라, 타인을 대하는 태도를 통해 자신을 수양하는 지혜였다. 《논어》에는 다음과 같이 기록되어 있다.

"좋은 사람을 보면 그처럼 되기를 생각하고, 좋지 않은 사람을 보면 자신의 약점을 돌아봐라."

"When you see a good person, think of becoming like her/him. When you see someone not so good, reflect on your own weak points."

공자는 인간이 타인을 통해 자신을 연마할 수 있다고 믿었다. 훌륭한 사람은 단순한 선망의 대상이 아니라, 내가 본받아야 할 표본이며, 반대로 좋지 않은 사람은 비난하고 끝낼 대상이 아니라, 자신의 약점을 비추는 거울이라고 여겼다. 그에게 중요한 것은 타인의 행동 자체가 아니라, 그것을 어떻게 해석하느냐에 달려 있었다. 그러므로 그는 행동의 본질을 해석하는 습관을 길러야 한다고 역설했다. 타인의 모습은 단순한 행위나 사건에 불과하지만, 그것을 거울삼아 스스로 성찰하고 해석할 때 비로소 삶은 변화한다.

일상에서도 우리는 해석이라는 두 갈래 길에 서게 된다. 동료의 성과에 질투를 느낄 수도, 혹은 자신을 성장시키는 동력으로 삼을 수도 있다. 무례한 사람에게 분노할 수도 있지만, '나는 저런 무심함으로 타인에게 상처를 주지 않았나' 되돌아보는 계기로 삼을 수도 있다. 이처럼 해석의 차이는 사소해 보이지만, 그 작은 차이가 삶 전체의 방향을 바꾼다.

공자가 살았던 시대는 전쟁과 배신으로 서로를 헐뜯는 혼란의 시기였다. 그럼에도 공자는 타인을 평가하기보다, 타인을 통해 자신을 수양하는 길을 제시했다. 그 역시 거창한 데서가 아니라 작은 실천에서 출발했다. 우리 또한 사소한 일상에서부터 성찰의 습관을 기른다면, 우연히 스쳐 지나가는 만남조차도 내면을 비추는 거울로 만들 수 있다. 세상의 모든 관계가 자신을 연마하는 장이라면, 결국 헛된 만남은 존재하지 않을 것이다.

Yi Hwang
퇴계 이황

뚜껑을 부숴버린
훌륭한 벼룩이 되어라

"자신의 가능성을 과소평가하는 사람은 뚜껑 닫힌 병 속의 불쌍한 벼룩과 같다. 그 사람은 절대로 자신의 뛸 수 있는 높이가 어디까지일지 알지 못한 채 죽게 될 것이다."

"Those who underestimate their own potential are like pitiful fleas in a jar with the lid closed, destined to die without ever discovering how high they might have leapt."

우리는 자주 자기 능력을 깎아내린다. "이 정도면 충분해", "나는 원래 이 정도야"라는 말로 스스로 가능성의 뚜껑을 닫아버린다. 그러나 본래 인간은 뚜껑 없는 존재다. 문제는 우리가 그 사실을 망각하며 살아간다는 점이다. 퇴계 이황李滉, 1501~1570은 제자들에게 병 속 벼룩처럼 살지 말라고 강조했다. 여기서 '병'과 '벼룩'은 사사로운 이익에 얽매이지 말고, 큰 뜻을 품으라는 은유였다. 그는 인간이 본성 안에 무한한 가능성을 품고 있다고 보았다. 다만 그 가능성은 저절로 발현되지 않고 의지와 수양을 통해 현실의 뚜껑을 깨뜨릴 때 비로소 드러난다.

오늘날 누군가 우리에게 "뜻을 크게 가지라"고 말한다면, 대부분 그것을 추상적이고 비현실적인 조언으로 치부할 것이다. 그것보다 눈앞의 승진이나 합격 같은 구체적인 목표가 더 중요해 보이기 때문이다. 하지만 정작 우리를 가로막는 가장 큰 걸림돌은 스스로 가능성을 제한하는 사고방식이다. 사람들은 과거의 실패를 근거 삼아 미래를 단정 짓고, 타인의 평가를 기준으로 자신의 길을 정한다. 물론 이 방식이 시간을 절약하고 더 나은 방식일 수도 있다. 그러나 '남들이 그랬기에' 따르는 것과 '철저한 계산'에 따른 선택은 엄연히 다르다. 실제로 충분히 계산하지 않고, 시도해 보기도 전에 먼저 포기하는 사람이 많다. 이황이 "뜻을 크게 가지라"고 말한 것은 바로 이 습관적 자기 제약을 경계하라는 뜻이었다.

그는 실제로 자신의 삶을 통해 이를 증명했다. 조정의 권력 다툼 속에서 여러 차례 벼슬에서 물러났으나, 그때마다 학문 연구와 제자 양성에 매진했고 세속적 이익보다 인간 본성의 가능성을 더 신뢰했기에, 혼란한 시대를 살았음에도 그의 가르침은 지금까지도 이어지고 있다.

그렇다면 우리는 어떻게 무한한 가능성을 발휘할 수 있을까?

첫째, 스스로 던지는 질문의 수준을 높여야 한다.

'나는 이번 달에 얼마를 벌 수 있을까?' 대신, '내 삶 전체에서 어떤 가치를 남길 수 있을까?'를 묻는 것이다. 질문이 심오해지면 관점이 달라지고, 관점이 달라지면 행동의 규모 또한 달라진다.

둘째, 일상 속 작은 습관을 통해 잠재력을 서서히 끌어올려야 한다.

글 한 줄 쓰기, 10분 운동하기, 대화 태도 개선하기와 같은 작은 훈련들이 축적될 때, 인간의 잠재력은 놀랍도록 확장된다.

셋째, 자신의 한계를 섣불리 단정 짓고 두려워하지 않아야 한다.

실패는 가능성을 입증하는 실험일 뿐, 종착점이 아니다.

이제 타인과의 경쟁에서 이기려는 집착은 버려라. 그것은 덧없는 환상에 불과하다. 진정한 승리는 타인이 아닌, 스스로 씌운 한계를 깨는 데 있다. 세상이 정해놓은 기준에 순응하며 '안전한 성공'을 좇는 순간, 병 속의 벼룩과 다름없게 된다. 그러나 웅대한 뜻을 품는 순간, 인간의 가능성은 스스로 상상한 모든 경계를 초월한다. 승리란 타인보다 앞서는 것이 아니라, 자기 자신의 한계를 무너뜨리는 것이다. 그것이 퇴계 이황이 제자들에게 남긴 가르침이며, 오늘 우리에게도 여전히 유효한 가장 날카로운 명령이다.

Yi I
율곡 이이

율곡 이이 48년 인생을 13글자로 요약하면 바로 '이것'

"자신을 이기는 것이 진정한 승리다."

"The truest victory is conquering yourself."

율곡 이이栗谷 李珥 1536~1584의 사상을 한마디로 요약하자면, "자신을 이기는 것이 진정한 승리"라 할 수 있다. 그는《격몽요결》과《성학집요》를 통해 수기치인修己治人, '자신을 먼저 닦은 뒤에야 남을 다스릴 수 있다'는 원칙을 강조했다. 나라를 변혁하려는 자든, 가정을 수호하려는 자든, 결국 자기 내면을 다스리지 못하면 실패한다고 여겼다. 율곡 이이에게 승리란 욕망과 분노, 두려움을 극복하는 자기 자신과의 투쟁이었다. 그러나 우리는 승리라는 말을 들을 때마다 타인을 굴복시키고, 경쟁자를 제압하며, 무언가를 쟁취하는 모습만 떠올린다. 하지만 외적인 승리는 대부분 착각에 지나지 않는다. 타인보다 먼저 앞서나간다고 해서 삶이 견고해지는 것도 아니고, 누군가를 이긴다고 해서 더 나은 사람이 되는 것도 아니다. 그것은 그저 일시적인 쾌

감일 뿐이며 진정한 승리와는 무관하다.

공포 소설의 거장인 스티븐 킹의 사례가 이를 명확히 입증한다. 그는 심각한 알코올 중독으로 인해 일상이 완전히 붕괴되어 있었다. 그러나 글을 쓰기 위해 술병 대신 펜을 들었고, 그 선택이 오늘날 우리가 아는 수많은 명작을 탄생시켰다. 그는 타인과의 경쟁에서 살아남아 '성공한 작가'가 된 것이 아니다. 자기 안의 중독을 이겨내고, 창조라는 새로운 정체성을 세웠기에 지금까지도 공포의 제왕으로 불리고 있다. 이러한 관점에서 볼 때, 진정한 패배는 타인에게 지는 것이 아니라 내면의 적에게 굴복하는 것이다. 외부의 적은 눈에 보이지만, 내면의 적은 너무 익숙해서 문제로조차 인식되지 않는 경우가 많다. 게으름은 '휴식'이라는 이름으로, 질투는 '경쟁심'이라는 가면으로, 자기혐오는 '겸손'으로 위장한다. 이들은 매일 우리의 귀에 속삭인다.

"넌 원래 이런 사람이야."

이 속삭임에 무너지는 순간, 아무리 많은 외적 승리를 거둔다 해도 결국 자기 자신을 잃게 된다. 지금부터 타인을 이기려는 싸움이 아니라, 자기 자신을 극복하는 싸움으로 방향을 돌리자. 진정한 강자는 경쟁자를 꺾은 사람이 아니라, 자기 내면의 나약함을 넘어선 사람이다.

이제 우리는 승리의 의미를 새롭게 정의해야 한다. 단순한 박수갈채와 트로피가 아닌, 오늘의 나를 뛰어넘는 내면의 힘. 세상은 외적 승리로 우리를 현혹하지만, 진정한 승리는 내 안의 어둠을 이겨낸 자리에서만 피어난다. 외적 승리는 일시적 영광으로 사라지지만, 내적 승리는 평생의 평화로 남는다. 결국 강자는 남이 아니라, 어제의 나를 이긴 '오늘의 나'다.

Dalai Lama
달라이 라마
도대체 당신의 고통은 어디서 비롯되었는가?

우리는 날마다 크고 작은 고통 속에서 살아간다. 관계, 경제, 성과, 자책 등 수많은 고통이 시시때때로 우리를 괴롭히기에, 이를 해소하고자 인생의 많은 부분을 쏟아붓는다. 누구나 한 번쯤은 술잔에 기대어 잠시나마 현실을 잊어보려 했던 경험이 있을 것이다. 하지만 우리는 잘 알고 있다. 술은 잠시 위로처럼 다가오지만, 결국 더 큰 피로와 후회만을 남긴다는 것을. 아이러니하게도 고통을 회피하려는 선택이 도리어 더 큰 고통을 불러온다. 그렇다면 인간의 고통은 어디에서 비롯되는가? 달라이 라마는 이에 대해 간명한 답을 남겼다.

"지나치게 자기중심적인 사고는 고통의 근원이다. 타인의 행복을 위한 자비로운 관심이 행복의 근원이다."

"Too much self-centered thinking is the source of suffering. A compassionate concern for others' well-being is the source of happiness."

이기심은 언제나 '나'를 지키려는 선택처럼 보이지만 그 끝은 대부분 '나'를 파괴하는 쪽으로 흘러간다. 당장 내 몸에 상처가 나지 않았기에 괜찮다고 착각하지만, 지속된 이기심은 멀쩡했던 나를 외로움의 구렁텅이로 쉽게 빠트린다. 시간이 지날수록 남는 것은 주변의 불신과 고립뿐이며, 결국 나 자신을 망가트리는 칼날이 된다.

이와 반대로 이타심은 어떠한가. 남을 돕고, 가진 것을 함께 나누는 일은 얼핏 손해처럼 보이지만 그것은 순간적인 장면일 뿐이다. 인생은 영화 필름처럼 쉼 없이 다음 장면으로 흘러가고, 지속된 '이타심'은 언젠가 나를 지탱해 줄 '관계망'으로 되돌아온다. 스스로 절박한 상황에 놓였을 때, 관계망 속 누군가의 도움으로 우리는 다시 살아갈 힘을 얻기도 한다. 결국 자비는 타인을 위한 행위인 동시에, 자기 자신을 구원하는 가장 본질적인 길이다.

이처럼 달라이 라마의 메시지는 경쟁 사회의 익숙한 논리를 거꾸로 뒤집는다. 우리가 맹신하는 "남보다 앞서고 더 많이 가져야 한다"라는 근시안적 사고에서 벗어나게 하는 것이다. 인생 전체를 조망할 때, 더 많은 것을 소유한 자가 아닌 더 많은 이들과 나누는 사람이 진정한 평화를 얻는다. 그러므로 우리는 스스로에게 물어야 한다.

이 순간, 나는 나를 보호한다는 명목으로 이기심을 택하고 있는가, 아니면 타인을 향한 작은 자비로 나 자신을 더 굳건히 하고 있는가?

삶의 아이러니는 여기에 있다. 고통을 피하려는 이기심은 오히려 고통을 키우며 고통을 함께 짊어지려는 자비는 삶을 가볍게 만들고, 우리를 다시 살린다. 그리고 그 순간, 우리는 타인을 돕는 동시에 스스로를 일으키는 존재가 된다. 자비는 결국 내가 살아갈 힘을 키우는 가장 확실한 길이다.

Joseph Campbell
조지프 캠벨

영웅이 반드시 마주하는 3가지 동굴

《반지의 제왕》 주인공 프로도 배긴스는 절대 반지를 파괴하라는 임무를 받아 의사와 무관하게 모험을 떠난다. 《해리포터》 시리즈의 해리 역시 자신이 특별한 존재임을 뒤늦게 깨닫고 마법사로서의 삶을 시작하며 더 이상 평범한 일상으로 돌아갈 수 없게 된다. 프로도와 해리, 이 두 인물은 모두 자신들이 속한 세계를 구원하는 영웅으로 성장한다. 이처럼 영웅서사는 항상 비슷한 이야기 구조를 따른다. 고대 신화에서 현대 판타지에 이르기까지, 모든 영웅은 여정 속에서 감당하기 힘든 두려움과 마주하며 갈등한다. '계속 나아갈 것인가, 아니면 여기서 멈춰 돌아설 것인가?' 그 순간, 영웅들의 가슴 속에는 똑같은 문장이 새겨진다.

"당신이 들어가기를 두려워하는 동굴에, 당신이 찾는 보물이 들어 있다."

"The cave you fear to enter holds the treasure you seek."

조지프 캠벨1904~1987은 세계 각지의 신화를 비교 연구하여 '영웅의 여정모노미스'을 정립한 신화학자이다. 그의 연구는 현대 스토리텔링의 바탕을 이루었으며, 특히 '영웅의 여정'은 주인공이 각종 위기와 장애물을 넘어 성장하는 과정을 보여주는 핵심 이론으로 자리 잡았다. 그의 이론에 따르면, 영웅은 반드시 세 가지 동굴을 마주하는데 이는 우리의 삶과도 놀랍도록 닮아있다.

첫째, 동굴은 거절의 동굴이다.

작품 속 주인공이 처음으로 소명을 거부하는 장면을 뜻한다. "나는 그런 사람 아니야.", "그건 내 길이 아니야." 프로도는 반지를 맡는 걸 꺼려 했고, 해리는 호그와트로부터 편지를 받았을 때 한참을 망설였다. 그러나 결국 그들은 동굴로 들어선다. 우리 삶에서도 거절의 동굴은 끊임없이 나타난다. "저 자리에 나서면 욕먹을지도 몰라", "이 말을 꺼냈다가 오해받을지도 몰라" 우리는 늘 가능성을 뒤로 미룬 채, 자신을 설득한다. 그러나 준비에는 끝이 없는 법이다. 진정으로 필요한 것은 완벽함이 아닌, 두려움을 감수하고 내딛는 한 걸음의 용기다.

둘째, 동굴은 바로 정체의 동굴이다.

이 시기는 주인공이 길을 잃거나 모든 것이 잘못된 것처럼 느껴지는 순간이다. 어둠의 숲, 미로, 폐허가 된 마을. 앞도 뒤도 보이지 않는다. 이 시기는 우리 인생에서 겪는 무기력, 회의, 열정 상실과 매우 흡사하다. "요즘 왜 이리 무기력하지?", "도대체 무엇이 문제인 걸까?" 여기서 자각해야 하는 건 정체를 실패가 아닌, '깊은 내면을 재정비'하는 시간이라 믿는 것이다. 진짜 문제는 그곳에 안주하는 것이며 어떠한 방향도 설정하지 못한다면, 결국 무너지고 만다.

셋째. 동굴은 바로 실패의 동굴이다.

여정의 끝자락에서 주인공은 가장 혹독한 시련과 마주한다. 목숨을 잃을 위기에 처하거나, 가장 소중한 것을 잃게 된다. 관객과 독자 모두 이 순간에 가슴이 먹먹해진다. 하지만 실패의 순간을 극복한 주인공은 다시 태어난다. 인간 역시 마찬가지다. 실망, 낙오, 상실의 순간은 고통스럽지만, 그 속에서 다시 일어서면 우리는 이전과는 다른 존재가 된다. 영화에서 중요한 것은 언제나 클라이맥스 이후다. 실패를 딛고 일어선 자만이 진정한 영웅이 된다.

어쩌면 '영웅'이라는 단어가 너무 멀게 느껴졌을 수도 있겠다. 그러나 여기서 말하는 영웅은 자신의 인생을 소중히 여기고, 목적을 향해 꾸준히 정진하는 사람을 의미한다. 영웅이 반드시 특별한 사람일 필요는 없다. 오히려 캠벨은 모든 사람이 자기 인생의 주인공이며, 삶이라는 모험을 시작해야 할 존재라고 말했다. 그러므로 거절 앞에서 움츠러들거나, 정체에 빠져 방향을 잃거나, 실패에 주저앉아 있었던 자신을 부끄러워할 필요는 없다.

거절, 정체, 그리고 실패는 한 사람의 인생 여정에서 지극히 자연스러운 과정이다. 다만 중요한 것은, 동굴 앞에서 멈춰 서지 않는 것이다. 인생에서 가장 빛나는 순간은 언제나 어둠을 헤쳐 나온 끝에서 찾아온다. 지금이 바로 그 시작일 수 있다. 감춰왔던 마음을 드러내는 것, 오랫동안 묵혀둔 일을 시작하는 것, 두려움에 멈춰 섰던 자리에서 다시 한 걸음 내딛는 것. 완벽하지 않아도 된다. 미완성이기에 여정이 되는 것이다.

"당신이 가장 두려워하는 그 동굴 안에, 당신이 그토록 찾고 있는 것이 있다."

이제 그 입구 앞에 선 당신에게 묻는다. 단 한 발, 그 한 발을 다시 내디딜 수 있겠느냐고. 프로도와 해리포터가 느꼈던 것처럼, 다시는 이전으로 돌아갈 수 없는, 아니 돌아가고 싶지 않을 만큼 멋진 인생이 펼쳐질지 모른다. 캠벨이 말한 동굴의 문턱은 당신을 파괴하려는 벽이 아닌, 지나가도록 놓인 문이다. 그

문을 통과할 때 얻게 되는 보물은 어떤 대상이 아닌, 변화된 당신이다. 완벽을 기다리기 전에, 지금 당장 작은 걸음이라도 내디뎌라. 그것이 곧, 당신의 여정을 시작하는 길이다.

Jiddu Krishnamurti
지두 크리슈나무르티
병든 사회에 잘 적응하는 사람은 병든 사람이다

회사를 다니다 보면 이런 질문을 하게 된다.

병든 사회에 순응하는 사람은 올바른 행동을 하는 것인가, 그릇된 행동을 하는 것인가? 반대로, 병든 사회에 적응하지 못하고 다른 생각으로 저항하는 사람은 옳은가, 그른가?

이 질문에는 명쾌한 해답이 없다. 개인의 성향과 환경에 따라 조건이 다르고, 그에 따라 변수 또한 달라지기 때문이다. 그러나 정답이 없다고 해서 이 질문을 외면할 수는 없다. 그 자체가 우리에게 중요한 화두를 던지기 때문이다. 이 물음을 붙잡고 고민하는 순간, 우리는 내가 속한 사회가 과연 건강한지, 그리고 그 속에서 나는 어떤 존재로 살아가고 있는지 되돌아볼 수 있다. 인도 출신의 사상가 지두 크리슈나무르티1895~1986는 이에 대해 단호한 시각을 드러냈다.

"깊이 병든 사회에 잘 적응하는 것은 결코 건강함의 척도가 아니다."

"It is no measure of health to be well adjusted to a profoundly sick society."

지두는 '선택 없는 알아차림choiceless awareness'과 '의식의 혁명 revolution in consciousness'을 설명하며, 인간이 외부 권위에 의존할 때 진정한 자유를 상실한다고 보았다. 그가 보기에 병든 사회란, 사람들이 내적 기준 대신 타인의 명령과 제도에 아무 비판 없이 그저 순응하는 사회였다. 그렇기에 그는 적응력을 양날의 검으로 간주했다. 조직에 빠르게 적응하고, 분위기를 민감하게 파악하며, 흐름에 순응하는 사람은 유능하다는 평을 받지만, 그렇지 못한 사람은 무능하다는 평가를 받기 십상이다. 그렇기에 모두가 자신이 속한 조직에 어떻게든 빠르게 적응하고자 최선을 다한다. 이처럼 빠른 적응력은 사회생활의 긍정적인 무기가 되지만, 자칫 혈관을 타고 천천히 퍼져 나가는 독이 될 수도 있다.

잘 적응한다는 것은 개인보다 조직을 최우선으로 여기는 태도와 같다. 이는 사실상 '스스로 질문하는 것을 멈춘 상태'와 같다. "왜 이 기준에 맞춰야 하는가?", "이 규칙은 어떻게 생겨났는가?", "이 침묵은 누구를 향한 폭력인가?"라는 질문을 멈추는 순간, 사람은 더 이상 주체가 아니라 구조의 부속품이 된다.

적응은 자기 포기의 또 다른 이름이다. 겉으로는 성실한 직장인이자 착한 시민처럼 보일 수 있지만, 내면에서는 고통이 누적되어 자칫 삶이 무너질 수 있다. 실제로 우리는 누구보다 잘 적응하며 지내던 사람이 어느 날 갑자기 사직서를 제출하거나, 모든 것을 내려놓고 홀연히 떠나는 이야기를 접하곤 한다. 평소에 적응을 잘 못하거나 적성이 맞지 않아 힘들어했던 사람이 아니라, 오히려 뛰어난 적응력을 가진 사람의 갑작스러운 변화는 주변 사람들에게 충격을 준다. 그 이유는 대개 같다. 병든 구조 속에서 너무 오랫동안 버티다가 결국 자기 자신을 완전히 소진해 버린 것이다.

그렇다고 해서 지두가 무조건 '반항'을 외친 것은 아니다. 그는 맹목적인 거부를 말한 것이 아니라, 우리 각자가 깊이 있는 관찰을 통해 스스로 본질을 깨닫기를 바랐다. 설령 남들이 당연하게 따르는 규칙일지라도, 그것이 병든 구조에서 비롯된 것이라면 기꺼이 불편함을 감수해야 한다는 것이다. 타인의 평가에 연연하기보다 자신의 존엄을 지키는 게 백배 낫다. 사회의 병폐를 비판 없이 수용하는 순간, 우리는 그 병폐에 암묵적으로 동조하는 공범이 된다.

결국 오늘 우리가 던져야 할 질문은 단순하다. 나는 지금 '건

강한 사회'에 적응하고 있는가, 아니면 '병든 사회'에 길들여지고 있는가? 나의 침묵은 혹시 누군가의 고통을 방조하고 있는 것은 아닌가? ز두가 남긴 말은 여전히 우리에게 경고처럼 울린다. 진짜 건강은 순응에서 오는 것이 아니다. 그것은 병듦을 인식하고, 그 속에서 자기 목소리를 지켜내려는 용기에서 비롯된다. 사회가 병들었을 때, 진짜 병드는 것은 사회가 아니라 질문을 멈춘 우리 자신임을 잊지 말아야 한다.

Desiderius Erasmus
데시데리우스 에라스무스
작은 무리 안에서 왕이 되는 것에 만족하지 마라

    대학에는 졸업을 위해 교양과목liberal arts을 필수적으로 이수해야 한다. 수학을 전공하는 학생은 문학을, 문학을 전공하는 학생은 물리학을, 더 나아가 스포츠와 음악 같은 낯선 학문을 접한다. 교양의 본래 목적은 특정 분야 지식에만 빠져 교만해지지 않도록 막는 데 있다. 역사가 증명하듯 인간은 작은 성취에도 쉽게 취해 '우물 안 개구리'가 되곤 했다. 낯선 학문을 배우는 이유는 내가 가진 지식이 결코 절대적이지 않음을 자각하게 하기 위함이다.

"시각장애인들의 나라에서는 한 쪽 눈만 가진 사람이 왕이다."
"In the land of the blind, the one-eyed man is king."

    르네상스 시대 인문주의자 에라스무스는 《우신예찬》에서 종교의 부조리와 인간의 어리석음을 풍자했다. 그가 말한 '시각장애인들의 나라'는 무지와 독선이 횡행하는 사회였고, '외눈박이

왕'은 그 안에서 잠시 우쭐대는 사람을 가리켰다. 그는 인간이 편협한 지식에 갇혀 보잘것없는 이해를 전부인 듯 내세우는 위험을 간파했다. 그 위험은 오늘 우리에게도 반복된다.

많은 사람이 온라인 커뮤니티, SNS 알고리즘, 특정 집단 문화 속에서 얻은 지식을 전부라고 착각한다. 그곳에서 잠시 '왕'이 된 듯 자만하지만, 더 넓은 세계와 마주하는 순간 자신의 협소함을 깨닫고 절망한다.

데시데리우스 에라스무스가 특히 경고한 것은, 자신이 왕이 아니라는 사실을 깨달았을 때 느끼는 감정이다. 정반대 시각을 가진 사람과 대화할 때, 차이점을 수긍하는 이도 있겠지만, 분노하며 자신만의 동굴로 더욱 깊이 빠져드는 이도 있다. 그 깊이가 깊어질수록 세상을 올바르게 바라보고 삶을 변화시키는 일은 더욱 어려워진다. 진정으로 성장하는 사람은 작은 세계 안에서 '왕'이 되려 하지 않고, 두 번째 눈을 뜨려는 사람이다. 자신이 가진 관심과 프레임이 세상의 전부인 듯 착각하는 순간, 더 넓은 가능성을 잃게 된다. 꽃을 좋아하면 서점에서 식물 관련 책만 보이고, 기술에 몰두하면 프로그래밍 서적만 찾게 된다. 그 안에서 누구보다 잘 안다고 믿지만, 실은 부분적인 시야에 갇혀 있을 뿐이다. 자신의 지식이 어디에서 비롯되었는지, 누구와 견주어지는지 숙고하고, 낯선 공동체와 마주하며, 자신보다 뛰어난 사람 앞에서 느끼는 초라함을 외면하지 않을 때 비로소 시야는 넓어진다.

에라스무스가 전하고자 했던 메시지는 명료하다. 좁은 무리 안에 안주하지 말고, 무지를 벗어나려 끊임없이 배우고 자신을 성찰하며, 더 넓은 세계로 시야를 넓혀야 한다는 것이다. 그것이야말로 '시각장애인들의 나라'에서 벗어나 '현자賢者'로 나아가는 길이다. 오늘 우리에게 남은 질문은 명확하다. 지금 나는 어디에 머물고 있는가? 좁은 우물 안에서 안주하고 있는가, 아니면 새로운 깨달음을 얻고자 시도하는 사람인가. 우리의 지식과 시야는 언제나 불완전하다. 그러나 그 불완전함을 기꺼이 인정하고 넓혀가려는 태도야말로 진정한 지혜의 첫걸음이다.

Voltaire
볼테르
상식이 없는 사람에게는 설명조차 해주지 마라

"당장 나가세요! 나가!"

저녁 8시 40분, 나는 운영하던 교습소 책상에 앉아 소리를 질렀다. 살면서 누구에게 소리 지를 일이 흔치 않지만, 그날은 내가 진심으로 화를 낸 몇 안 되는 날이었다. 회사를 그만두고 나왔을 때조차 이 정도까지 분노하진 않았는데, 그날만큼은 격렬한 분노를 느꼈다.

그날 이후, 내가 소리 질렀던 그 사람은 내 인생 두 번째 최악의 인물로 자리매김했다. 시간이 흘러 기억도, 그날의 감정도 희미해질 무렵, 나는 스스로에게 물었다.

'나는 왜 그렇게 화가 났을까?'
'나는 왜 그 사람을 그토록 용인하지 못했을까?'

그는 인간으로서 마땅히 지켜야 할 최소한의 인성, 즉 상식의 선을 넘었다. 나를 모함하고 주변에 부정적인 이야기를 퍼뜨려 선동했을 뿐만 아니라, 금전적인 피해까지 입혔다. 도대체 무엇이 문제였을까? 문제는 바로 '상식'에 있었다. 내가 믿었던 '상식'의 기준과 그가 가진 '상식'의 기준이 극명하게 달랐던 것이다. 그의 상식 수준은 나보다 훨씬 낮았으며, 작은 감정 변화에도 쉽게 본색을 드러냈다. 불리한 상황에 몰리면 화를 내거나 회피하기 바빴고, 다음 날이 되면 아무 일 없던 듯 태연하게 행동하는 모습은 그의 '상식'이 얼마나 가벼운지를 보여주었다. 그날 이후 나는 한 가지를 깨달았다. 상식이란 누구나 알고 있는 보편적인 말 같지만, 실제로는 지켜내기 어려운 덕목이라는 것을. 이런 흔한 상식에 대해 명문장을 남긴 철학자가 있다. 바로 볼테르다.

"상식은 그리 흔한 것이 아니다."

"Common sense is not so common."

프랑스 계몽주의 작가이자 '관용론'을 통해 프랑스 '인권' 개념의 기초를 다진 철학자 볼테르는, 모든 사람이 같은 기준을 지니고 있다고 믿는 것은 착각에 불과하다고 역설했다. '최소한'이라는 것은, 누군가에게는 전혀 중요하지 않은 것일 수 있다는 것을 받아들여야 한다는 것이다. 그는 평생 불합리와 투쟁했고 그가 맞서 싸운 불합리는 오랜 시간 동안 인간들의 축적된 생각에서 비롯된 것이었다. 대표적인 예로, 볼테르가 투쟁한 불합리 중 하나는 '종교'였다. 그는 당시 민중과 정치사상을 지배하던 종교의 비관용 철학을 비판하며, 인간은 각기 다른 가치와 생각을 지니고 살아간다고 강조했다. 지금에 와서는 당연하게 여겨지지만, 당시 그는 망나니나 패륜아 같은 비난을 받기도 했다.

그의 철학을 고찰한 후에야 비로소 깨달은 바가 있다. 나는 모든 사람이 상식에 따라 행동하리라는 막연한 기대 속에 살아왔다는 점이다. 나의 기준을 타인에게 투영하며, 그들 또한 나와 같을 것이라는 착각에 빠졌었다. 그러나 세상에는 상식 이하의 행동을 서슴지 않으며, 심지어 그것이 자신에게 득이 된다고 믿는 사람도 존재한다.

그렇기에 나는 나만의 상식을 지키되, 타인의 상식에 과도한 기대를 품지 않기로 결심했다. 누군가에게 분노하며 감정을 소모하기보다, 그의 행동을 통해 상식의 선을 가늠하고 더 이상 시간과 감정을 낭비하지 않는 편이 훨씬 현명함을 깨달았다. 이것은 자신의 마음을 지키는 가장 강력한 방어책이 되었다.

상식은 양날의 검과 같다. 내가 옳다고 믿는 상식이 누군가에게는 비상식일 수 있으며, 반대로 내가 이해하지 못하는 행동이 그 사람의 오랜 관습일 수도 있다. 중요한 것은 타인을 비난하기보다, 나와 다른 상식을 가진 사람을 만났을 때 어떻게 대처할지에 대한 나만의 원칙을 정립하는 것이다. 이것이야말로 내면을 강화하고, 상식 없는 세상에서 나를 지키는 유일한 방법이다.

"의심은 불편하지만, 확신은 어리석다."

Karl Popper
카를 포퍼
모른다고 말하는 사람이 더 많이 배운다

'다 안다 병'이라는 말이 있다. 이는 모든 것을 이미 다 안다고 믿는 태도를 가리킨다. 흥미로운 점은 이 병에 걸린 사람일수록 실제로는 더 많은 것을 놓치고 있다는 사실이다. 직장에서 신입사원의 의견을 "그건 내가 다 알아"라며 일축하는 상사, 건강검진 결과를 대수롭지 않게 여겨 뒤늦게 병을 키운 사람 혹은 자신이 최고라고 믿으며 새로운 기술을 배우지 않아 시대 변화에 뒤처지는 이들 모두 다 안다 병 환자다. 이는 단순한 무지가 아니라, 스스로 성장을 가로막는 심리적 장벽이다.

20세기 대표적인 과학철학자 카를 포퍼Karl Popper, 1902~1994는 이 문제를 가장 날카롭게 비판한 사상가였다. 그는 지식이란 절대적 진리에 도달하는 것이 아닌, 언제든 오류를 인정하는 과정에서 비로소 발전한다고 보았다.

"우리는 항상 실수할 수 있으며, 우리는 결코 모든 진리를 알 수 없다."

"We can always make mistakes, and we can never know the whole truth."

그의 말은 지식의 유한성과 불완전성을 단적으로 보여준다. 포퍼에게 진리는 닫힌 방 안에 머무는 것이 아니라, 반박과 비판을 거쳐 열려가는 길 위에 존재했다. 따라서 "나는 안다"라는 확신은 탐구의 종말이자, 열린 사회를 위협하는 독단주의의 시작과 같다.

실제로 우리의 일상에서도 이를 방증하는 사례를 종종 찾아볼 수 있다. 예컨대 어떤 의사가 특정 약을 '완벽한 치료제'라 단언했으나 시간이 지나 새로운 부작용이 드러나는 경우, 한 시대를 지배했던 뉴턴의 물리학조차 아인슈타인의 상대성 이론에 따라 확장된 사례가 그렇다. 중요한 것은 '틀림' 그 자체가 아니라, '틀림을 인정하지 않는 태도'다. 실수는 곧 더 나은 지식으로 도약하는 발판이 될 수 있기 때문이다.

포퍼는 지식 성장이 오직 비판과 검증을 통해서만 가능하다고 역설했다. 다 안다는 착각에 빠지는 순간, 질문은 사라지고, 성찰은 멈추며, 삶은 정체된다. 자신이 모를 수 있음을 인정하는 순간, 배움의 가능성은 무한히 확장된다. 열린 태도는 개인의 성장과 더불어 사회 발전의 원동력이 된다. 그는 이러한 태도를 '열린 사회'라 명명했으며, 이 개념은 민주주의와 자유의 핵심 철학으로 자리매김했다.

진정한 지혜는 "나는 안다"라는 오만이 아니라 "나는 모를 수도 있다"라는 겸손에서 비롯된다. 다 안다 병은 우리를 고립시키지만, 모름을 인정하는 태도는 새로운 성장 동력이 된다. 오늘 우리가 할 수 있는 작은 실천은 단순하다. 대화 중 질문을 한 번 더 던지고, 낯선 분야의 책 한 장을 펼치고, 내 생각을 비판적으로 판단하는 것. 이 작은 행동이야말로 다 안다 병을 치유하는 시작이다. 겸손에서 출발한 지혜는 언제나 더 큰 세계를 마주하게 한다. 닫힌 방 안의 '왕'이 되기를 멈추고, 열린 세상의 '배움의 수행자'가 되는 것, 그것이야말로 진정한 지식인의 길이 아닐까.

Siddhārtha Gautama
싯다르타 가우타마
마음을 순수하게 정화할 때 생기는 기적 같은 일

마음이 꼬인 사람은 꽃을 보아도 가시만 본다. 누군가의 칭찬조차 의심 섞인 말로 들으며, 따뜻한 위로마저 '속내가 있겠지'라며 흘려버린다. 세상은 그대로인데, 마음의 꼬임 때문에 모든 빛이 뒤틀려 들어오는 것이다. 사람들은 그런 유형을 두고 '지 팔자 지가 꼰다'를 줄여 '지팔지꼰'이라고 부른다. 모든 문제는 세상이 아니라 마음의 투명도에 있다. 마음이 순수하면 비난은 측은지심으로 바뀌고, 칭찬은 감사로 변한다. 순수한 마음은 왜곡 없이 사물을 있는 그대로 받아들이는 아주 강력한 힘이다.

이 오래된 화두를 그 누구보다 깊이 붙잡은 인물이 바로 싯다르타였다. 인도의 왕자로 태어난 그는 태생부터 호화로움과 쾌락 속에 잠겨 살았다. 그러나 궁궐 밖에서 노인, 병자, 시체를 목격한 뒤, 숨겨져 있던 고통의 진실과 직면했고, 그는 출가의 길을 택했다. 기나긴 고행 끝에 보리수 아래에서 그는 마침내 깨달았다. 세상의 고통은 외부가 아닌 바로 '마음'에서 비롯된다는 사실을. 그리하여 그는 《법구경》에서 다음과 같이 설파한다.

"우리는 우리가 생각한 것의 결과이다. 마음이 순수하면 기쁨이 그림자처럼 따른다."

"We are shaped by our thoughts; we become what we think. When the mind is pure, joy follows like a shadow that never leaves."

그렇다면 마음의 순수함은 어떻게 얻을 수 있을까? 감사 일기를 예로 들어보자. 어떤 이는 억지로라도 하루에 세 가지를 적는다. '따뜻한 커피', '버스 자리가 편했다', '기분 좋은 날씨' 같은 사소한 기록이다. 처음에는 뻔하고 억지스러웠지만, 시간이 지나며 작은 기쁨들이 눈에 들어오기 시작한다. 햇살이 스며드는 순간, 동료의 작은 친절, 집으로 돌아왔을 때의 고요한 평화. 억지로 시작한 글쓰기가 어느새 삶의 결을 바꾸는 기록이 된다. 순수한 마음은 억지로 웃는 것이 아니라, 세상을 다시 바라보는 훈련 속에서 회복된다. 이처럼 싯다르타의 통찰은 삶의 색을 바꾸는 철학이다. 세계는 본래 마음이 그린 투영이므로, 마음을 정화하면 세상도 저절로 맑아진다. 끊임없이 자신을 괴롭히는 비교를 멈추고, 끝없이 차오르는 욕망을 다스릴 때,

내면은 맑게 정화되고 기쁨은 억지로 꾸며내지 않아도 자연스레 따라온다. 이 깨달음이 곧 불교의 핵심 사상인 '유심사상唯心思想'이다.

순수한 마음은 우리가 놓치고 사는 숨은 보물과도 같다. 사람들은 현실적이지 않다는 핑계로 순수함을 저평가하지만 순수함이야말로 삶을 지탱하는 가장 실질적인 힘이다. 마음이 깨끗하면 흔들림이 줄고, 왜곡되지 않으며, 번뇌에 쉽게 휘둘리지 않는다. 그렇기에 싯다르타는 마음을 정화하는 길이 곧 행복으로 향하는 지름길이라 제시했다. 오늘 우리에게 그의 메시지는 이렇게 다가온다.

"마음이 곧 인생이다."

마음이 꼬이면 세상 또한 꼬여 보이고, 마음이 맑아지면 삶 또한 투명하게 빛난다. 그러니 매일의 선택 앞에서 자문해야 한다. "내 마음은 지금 순수한가, 아니면 물들어 있는가?" 그 질문 하나가 삶의 방향을 바꾸고, 다가올 내일의 기쁨을 결정짓는다. 순수한 마음은 단순한 감정이 아니다. 그것은 인간이 가진 가장 본질적인 지혜이며, 기쁨을 가져다주는 가장 오래된 비밀이다.

Ludwig Feuerbach
루트비히 포이어바흐
매일 삼키는 쓰레기가 당신의 인생을 결정한다

그대는 오늘 무엇을 먹었는가? 밥상 위의 음식만을 묻는 것이 아니다. 우리는 온종일 무언가를 삼킨다. 눈으로, 귀로, 마음으로. 의식적으로는 식단을 선택하지만, 무의식적으로는 공기처럼 환경을 흡수한다. 문제는 바로 이 무의식적인 흡수가 우리를 나쁘게 변화시킨다는 점이다.

"인간은 먹는 대로 바뀐다."

"Human beings change according to what they eat."

루트비히 포이어바흐 1804~1872는 흔히 짧은 명언의 주인공으로만 기억되지만, 사실 그는 19세기 독일을 흔든 유물론 철학자였다. 인간의 정신은 초월적인 신에게서 비롯된 것이 아니라, 물질적 조건과 신체적 토대에서 비롯된다고 주장했으며, 그의 사상은 훗날 마르크스에게도 깊은 영향을 주었다. '먹는다'는 말은 단순한 건강 조언을 넘어 인간 존재를 규정하는 철학적 선언이었다.

상상해 보라. 늘 부정적인 뉴스에 파묻혀 사는 사람은 어느 순간 말투가 날카로워지고, 표정이 굳어지기 마련이다. 반대로 다정한 언어와 따뜻한 사람들 곁에서 시간을 보내는 사람은 표정이 부드러워지고, 한결 여유로운 태도를 갖게 된다. 음식이 피가 되고 살이 되듯, 환경은 곧 태도가 되고 성격으로 이어진다. 결국 우리는 보고 듣고 흡수한 모든 것들의 총합과 같다. 그럼에도 우리는 환경의 중요성을 쉽게 잊는다. 산삼을 캐려면 산삼밭에 가야 하고, 부자가 되고 싶다면 부자 곁에 있어야 한다. 삶을 바꾸고 싶다 하면서도, 여전히 같은 자리에서 같은 공기를 마신다. 좋은 음식을 위해선 기꺼이 발품을 팔지만, 좋은 환경을 위해선 좀처럼 움직이지 않는다.

포이어바흐는 나태한 우리에게 이렇게 되묻는다.

"너는 무엇을 먹고 있느냐?"

삶을 바꾸고 싶다면, 오늘의 먹거리부터 바꿔야 한다. 단지 음식만이 아니다. 곁에 두는 사람, 매일 마주하는 환경, 무심코 받아들이는 정보까지, 결국 그것들이 모여 지금의 당신을 만든다.

그저 오늘 한 끼 식사만 고민할 것이 아니다. 어떤 책을 읽고, 어떤 대화를 나누며, 어떤 환경을 흡수할 것인가. 바로 그것이 당신의 내일을 결정한다. 포이어바흐의 말은 단순한 금언이 아니라, 여전히 우리에게 날카롭게 던져진 질문이다. 인간은 먹는 대로 살아간다. 그리고 무엇을 먹을지는 언제나 당신의 선택이다.

Swami Vivekananda
스와미 비베카난다
하루 10분,
인생을 바꾸는 가장 위대한 대화

"넌 충분히 잠재력이 있어. 걱정하지 마."

이 말을 들으면 대부분은 고개를 저을 것이다. "내가?"라며 자신을 깎아내리거나, 대충 웃어넘기기 쉽다. 놀랍게도 인간은 평생 자신의 뇌와 마음의 잠재력을 극히 일부만 사용한다는 연구 결과가 있다. 진짜 문제는 단순히 잠재력을 쓰지 못하는 것이 아니라 정작 자신이 무엇을 원하는지조차 모른 채 삶을 허비하고 있다는 사실이다. 스마트폰 알림, 타인의 기대, 끊임없이 쏟아지는 정보 속에서 정작 자기 자신과 진지하게 마주할 시간을 갖지 못한다. 그렇게 우리는 '평범함'이라는 틀에 갇혀 살아가고 있다. 바로 이 지점에서 스와미 비베카난다의 통찰은 지금도 유효하다.

"하루에 한 번은 자신과 대화하라. 그렇지 않으면 이 세상에서 훌륭한 한 사람을 만날 기회를 놓칠지 모른다."

"Talk to yourself once a day, or you might miss the chance to meet the greatest person in this world."

스와미 비베카난다1863~1902는 인도의 '베단타 철학'을 서양에 전파하며, 인간 내면의 신성을 일깨운 고결한 인격의 소유자였다. 그는 모든 인간 안에 이미 위대함이 잠들어 있으며, 그것을 발견하는 방법은 외부 스승이 아니라 자기 자신과의 대화에 있다고 강조했다. 그에 따르면, 위대한 삶을 산 이들의 공통점은 자기 내면에 끊임없이 질문을 던졌다는 것이었다. 이처럼 건강한 질문은 삶을 다이아몬드처럼 단단하게 다듬는 최고의 가공법이다.

많은 이들이 성공한 멘토, 존경받는 리더, 유명한 철학자를 좇으며 그들에게 배워야 더 나은 삶을 살 수 있다고 믿는다. 그러나 비베카난다는 이를 단호하게 부정한다. 가장 훌륭한 사람은 이미 내 안에 있다는 것이다. 그는 자기 자신과 대화하는 순간, 내면의 위대함과 마주하고 삶을 움직이는 가장 근원적인 힘을 얻을 수 있다고 믿었다. 하지만 많은 이들은 자기 자신과의 대화를 회피한다. 이유는 분명하다. 내면의 허물과 약점을 마주하는 일이 두렵기 때문이다. 혹은 내면의 목소리를 듣는 법을 훈련받지 못했기 때문일 수도 있다. 그러나 이 두려움을 극복하지 못한다면 우리는 결국 타인의 목소리에 끌려다니며 살아갈 수밖에 없다. 자기 자신과의 대화란 불완전한 자신을 직면하는 용기이며, 그 불완전함 속에서 가능성을 발견하는 첫걸음이다.

비베카난다의 메시지는 간명하다.

자기 자신과의 대화는 내면의 숨겨진 보물을 발견하는 작업과 같다. 하루에 단 10분이라도 스스로에게 물어보라.

"오늘 나는 무엇을 두려워했는가?"
"무엇을 욕망했는가?"
"무엇이 나를 웃게 했는가?"

같은 질문들이 쌓이면, 우리는 남이 원하는 삶이 아닌, 내가 원하는 삶을 살아가게 된다. 오늘도 수많은 알림과 소음이 당신을 흔들겠지만, 바로 그 순간이야말로 내면에 귀 기울여야 한다. 외부의 목소리는 잠시 멈추고, 자기 마음속 가장 깊은 곳에서 흘러나오는 질문을 들어보라. 당신이 찾고 있는 위대한 인물은 결코 바깥에 있지 않다. 바로 지금, 당신 안에 이미 존재한다. 그와 만나지 못한다면, 당신의 삶은 영원히 남의 무대 위에서 흘러갈 것이다. 그러나 단 한 번이라도 자신과 마주한다면, 그 순간부터 당신은 인생의 주인공이 된다.

C. S. Lewis
C.S. 루이스
40대 · 50대 · 60대, 인생을 뒤집은 사람들의 공통점

'이게 과연 내가 원하던 길이었을까?'

출근길에 지하철을 기다리다 보면 문득 이런 생각이 든다. 점심시간 카페에서 홀짝이는 커피 한 모금에도, 퇴근 후 TV를 멍하니 보다 보면 여전히 같은 의문이 고개를 든다. 분명 열심히 달려가고 있지만, 정작 어디로 향하는지 알 수 없는 경우가 많다. 그럴 때면 무의식적으로 '다시 시작할 수 있다면' 하는 가정에 마음이 기운다. 그러나 시작은 언제나 과거에 얽매여 있고, 돌이킬 수 없다는 사실이 우리를 좌절시킨다.

《나니아 연대기》로 잘 알려진 작가이자 철학자 C.S. 루이스는 이 지점을 누구보다 날카롭게 바라봤다. 이미 두 차례의 세계 대전을 겪으며 과거를 되돌릴 수 없는 현실을 마주한 그는, "지금, 이 순간의 선택이야말로 결말을 바꿀 힘"이라고 역설했다. 그는 이렇게 말했다.

"당신은 처음으로 돌아가 시작을 바꿀 순 없지만, 지금 이 자리에서 시작해 결말은 바꿀 수 있다."

"You can't go back and change the beginning, but you can start where you are and change the ending."

이 문장을 깊이 고찰해 보면, 그의 관심사는 '시간의 철학'이었음을 알 수 있다. 루이스는 과거를 되돌릴 수 없다는 자명한 사실에서 출발했지만, 그 지점에 머무르지 않았다. 그는 과거의 제약을 인정하면서도, 현재가 가진 창조적 힘에 주목해야 한다고 강조했다. 인간이 어떤 선택을 하느냐에 따라 결말 전체가 다시 쓰일 수 있다는 것이다.

나는 이를 '결말 편집권'이라 부르고 싶다. 새로운 시작은 단순한 도약이 아니라, 다가올 결말을 다시 써 내려갈 수 있다는 굳건한 다짐이다. 과거는 수정 불가능한 고정된 기록일지라도, 결말은 여전히 예측 불가능한 가변성을 지닌 상태다. 오늘의 선택은 이야기의 마지막 장을 새롭게 쓸 수 있는 권리이자, 그 누구도 대신 행사할 수 없는 고유한 권한이다. 그렇기에 주체적인 선택으로 나아가는 행위는 단순히 '미래를 향한 모험'이 아닌, '결말을 재편집하는 행위'라고 해석할 수 있다.

이러한 관점을 깊이 숙고하면 우리가 흔히 느끼는 두려움 또한 새롭게 받아들일 수 있다. 실패에 대한 두려움, 남보다 늦었다는 불안, 준비되지 않았다는 자기 의심은 결국 결말은 이미 닫혔다는 전제를 무의식중에 받아들인 결과다. 그러나 루이스의 철학은 그 전제에 돌을 던져 잔잔한 파문을 일으킨다. 결말은 닫혀 있지 않고 여전히 열려 있으며, 언제든 새롭게 쓰일 수 있다. 우리가 멈춰 서 있는 이유는 능력이 부족해서가 아니라, 결말을 '이미 닫힌 것'으로 단정했기 때문일지 모른다.

만약 당신이 전공과 다른 직업을 택한다면 그건 내 삶을 다른 장르로 전환하겠다는 선언이다. 40대에 안정된 회사를 떠나는 것도 이미 예정된 결말을 거부하고 새로운 문장을 쓰겠다는 창조적 선택이다. 결말 편집권은 누구에게나 주어져 있지만, 실제로 그 권한을 행사할지는 오롯이 개인의 선택에 달려 있다.

이제 루이스의 말을 다시 음미해 보자.

"당신은 처음으로 돌아가 시작을 바꿀 순 없지만, 지금 이 자리에서 시작해 결말은 바꿀 수 있다."

이 문장은 언제든 인생의 결말을 다시 쓸 권리를 행사하라는 의미다. 나이, 환경, 상황은 결말을 단정 짓는 요소가 아니라,

오늘부터 새로운 결말을 만들어갈 초대장임을 명심하자.

실제로 레이 크록은 52세에 맥도날드를 세계적인 기업으로 키워냈고, 하얼랜드 샌더스는 65세에 KFC를 창업했으며, 스탠리는 39세에 스파이더맨을 탄생시켜 만화 역사를 바꿨다. 베라 왕은 40세에 디자이너로 전향했고, 사무엘 잭슨은 46세에 영화 『펄프 픽션』으로 스타덤에 올랐다. 그리고 지금 이 자리에서 당신 역시 새로운 인생을 시작할 수 있다.

John Stuart Mill
존 스튜어트 밀
괴짜라 불린 사람들만이
인류를 움직였다

 사람들은 흔히 어릴 적부터 '다른 생각'을 하는 아이에게 유난스럽다는 듯 손가락질한다. 질문이 많거나, 대답이 남들과 다르면 괜히 튀려고 한다는 말을 듣기 일쑤다. 시간이 흘러 성인이 되어서도 마찬가지다. 회사에서는 '팀워크를 저해하는 사람'으로, 사회에서는 '공감 능력이 부족한 괴짜'로 낙인찍힌다. 결국 많은 이들이 튀지 않으려, 눈에 띄지 않으려, 무난하게 살아가려 스스로를 억누른다. 하지만 그 과정에서 우리는 중요한 사실 하나를 간과한다. 세상이 낯설어하는 그 독창성이야말로 인류의 진보를 가능하게 한 가장 희귀한 자산이라는 점을 말이다. 영국의 경제학자였던 존 스튜어트 밀은 이 지점을 정확히 꿰뚫었다.

 "독창성은 비독창적인 사람들이 그 가치를 느끼지 못하는 유일한 것이다."
 "Originality is the one thing of which unoriginal minds

cannot feel the use."

존 스튜어트 밀1806~1873은 어린 시절부터 철저한 교육을 통해 길러진 천재였다. 그는 세 살에 그리스어를 배우고 여덟 살에는 라틴 고전을 독파했다. 그러나 강도 높은 훈련은 번아웃을 불러왔고, 그는 20대 초반에 깊은 우울증에 빠졌다. 바로 그 절망 속에서 그는 깨달았다. 인간을 구원하는 것은 단순한 지식이 아니라 자유롭게 사고하고 독창성을 펼칠 수 있는 환경이라는 것. 이후 그의 철학은 자유, 다양성, 그리고 진보라는 키워드로 확장된다. 특히 《자유론》에서 그는 사회가 개인의 개성을 억압하면 결국 정체에 빠질 수밖에 없다고 경고했다. 모두가 같은 생각을 하고 같은 방식으로 살아간다면 갈등은 줄어들겠지만, 동시에 발전도 멈춘다는 뜻이다.

사람들은 본능적으로 '익숙함'을 선택하곤 한다. 낯선 아이디어와 새로운 관점은 언제나 불편을 수반하기 때문이다. 그러나 하기 싫고, 불편한 것 속에 '다음 단계'로 나아갈 열쇠가 숨어 있다. 만약 갈릴레오가 침묵했다면 인류는 지동설을 더 늦게 깨달았을 것이며, 반 고흐가 그림을 포기했다면 미술사는 지금과는 다른 모습이었을 것이다. 독창성은 단순한 '다른 생각'을 넘어, 새로운 질서를 창조하는 통찰의 힘을 의미한다. 그렇기에 독창적인 사람은 언제나 외롭기 마련이다. 다수에 의해 그 가치를 쉽사리 인정받지 못하기 때문이다. 그러나 역사는 언제나 그들의 외로운 사투를 통해 변화해 왔다.

애플이 단순한 기술 기업을 넘어 디자인과 감성을 융합할 수 있었던 것은, 기존의 질서를 거부한 독창성 덕분이었다. 반대로 과거의 명성에 안주하며 혁신을 외면한 기업들은 대부분 시장에서 사라졌다. 이것은 단순한 전략의 문제가 아닌, 독창성을 존중하느냐 억압하느냐의 문제였다. 그렇다면, 독창적으로 사는 방법은 무엇일까?

첫째, 고독을 두려워하지 마라.
대중이 알아주지 않는다고 그대의 가치가 깎이는 것은 아니다. 오히려 세상이 아직 그대를 따라오지 못한다는 증거일 수 있다.

둘째, 독창성은 책임감을 가지고 연마해야 한다.
단순히 타인과 다르다는 사실만으로는 부족하다. 그 다름을 더욱 심오하게 연마해야 한다.

셋째, 고통을 피하지 마라.
이해받지 못하는 순간이야말로 그대의 내면을 가장 견고하게 다지는 시간이다. 별이 어둠 속에서 빛나듯, 독창성은 배척 속에서 더욱 빛을 발한다.

존 스튜어트 밀은 우리에게 이와 같이 질문한다.

"당신이 가진 독창성을 어디에 쓸 것인가?"

그것을 억누른 채 평범함 속에 묻어둘 것인가, 아니면 세상의 불편을 감수하면서라도 세상에 드러내 증명할 것인가? 독창성은 그대만의 전유물이 아니다. 그것은 곧 인류 전체의 가능성이며, 미래를 싹틔울 씨앗이다. 그러니 오늘만큼은 이렇게 말해보자. 나는 다르기 때문에 외로운 것이 아니라, 다르기 때문에 앞으로 나아간다. 당신의 독창성은 흠이 아니라, 세상에 꼭 필요한 불빛이다. 그 불빛을 꺼뜨리지 마라. 언젠가 세상이 당신을 기다리고 있었다는 것을 깨닫게 될 테니.

Epictetus
에픽테토스
내 힘으로 바꿀 수 없는 일에 단 1초도 쓰지 마라

한 사람이 자신의 삶을 스스로 통제할 수 없는 상태로 태어난다고 상상해 보자. 태어날 때부터 자신의 신분을 선택할 자유가 없고, 매일 겪는 노동과 고통조차 스스로 결정할 수 없는 상황 말이다. 자유도, 권리도, 심지어 육체에 대한 결정권조차 없던 참혹한 시절. 실제로 그런 시절은 역사 속에 수없이 존재했었다. 우리가 아는 에픽테토스Epictetus, 50~135 역시 그러한 삶을 살았다.

"삶에서 행복할 수 있는 방법은 단 하나다. 우리의 힘이나 의지로 어찌할 수 없는 것들에 대한 걱정을 멈추는 것이다."

"There is only one way to happiness and that is to cease worrying about things which are beyond our power or our will."

그는 로마 제국의 한 가정에서 노예로 태어나 주인의 재산과 같이 취급되었다. 심지어 다리를 크게 다쳐 평생을 절름발이로 살아야 했다. 이러한 절망적인 상황 속에서 그는 새로운 깨달음을 발견한다. 외부의 운명은 내 것이 아니지만, 그 운명을 받아들이는 내 태도는 나에게 달렸다는 것이다.

이것은 훗날 그의 철학 전체를 관통하는 핵심 줄기가 되었다. 그는 해방 후 자유인이 된 뒤에도 제자들을 가르치며 줄곧 태도의 중요성을 강조했다. 실제로 어느 날 한 젊은이가 그를 찾아와 이렇게 물었다.

"사람들이 제 험담을 합니다. 저는 어떻게 해야 합니까?"라는 질문에 에픽테토스는 담담히 대답했다.

"그들이 말한 게 사실이라면 너는 자신을 고쳐야 하고, 사실이 아니라면 그건 네 문제가 아니다."

이 짧은 대답 속에 그의 철학, 곧 걱정을 다루는 가장 단순하면서도 강력한 태도가 고스란히 드러난다.

우리 역시 일상에서 비슷한 경험을 한다. 시험 결과를 기다리는 불안감, 이미 보낸 메시지의 답장을 애타게 기다리는 초조함, 타인의 시선에 얽매여 괴로워하는 마음 등 대부분은 우리의 힘으로 어찌 할 수 없는 영역이다. 그럼에도 우리는 그것을 조종하려 애쓰다가 에너지를 소진하곤 한다. 이 지점에서 에픽테토스의 철학은 단순하면서도 명확한 물음을 던진다.

"내가 바꿀 수 있는가, 없는가?"

바꿀 수 있다면 집착하기보다 행동으로 변화를 만들어내야 한다. 그러나 바꿀 수 없다면 놓아주어야 한다. 놓아줄 수 있을 때 비로소 마음의 평화를 얻을 수 있기 때문이다. 행복은 외부의 조건에서 비롯되지 않는다. 통제할 수 없는 일을 붙잡지 않고, 오직 통제할 수 있는 마음을 지켜낼 때 자유와 평화를 얻는다. 운명은 내 것이 아닐지라도, 태도만큼은 언제나 내 것이다. 이 단순한 진리가 우리를 더 단단하게, 더 자유롭게 만든다.

Blaise Pascal
블레즈 파스칼
남이 준 답은 쉽게 잊히고, 내가 찾은 답은 평생 간다

 자발적으로 고민하여 얻어낸 답은 타인이 알려주는 것보다 훨씬 더 오래 기억에 남는다. 누가 알려준 수학 방식보다 스스로 풀이 방법을 찾아내는 것이 유사한 문제 해결에 더 수월하며, 똑같은 시를 읽더라도 남이 읽으라고 해서 읽은 것보다 마음에 와닿게 읽는 시가 훨씬 강렬하게 뇌리에 남는다. 왜일까? 사람들은 본능적으로 자신의 판단을 더 신뢰하기 때문이다. 자기 머리로 고민하고, 능동적인 경험을 통해 얻은 정보와 감정에 대한 믿음은 견고하다. 이는 스스로 '체험'했다는 사실이 얼마나 중요한지를 보여주는 대목이다.

 바로 이 지점에서 '이해는 발견의 결과'라는 말이 성립한다. 17세기 프랑스의 사상가 블레즈 파스칼Blaise Pascal, 1623~1662은 일찍이 이를 간파했다.

 "우리는 다른 사람이 제시한 이유보다, 스스로 발견한 이유에 더 쉽게 설득된다."

"We are usually convinced more easily by reasons we have found ourselves than by those which have occurred to others."

수학자이자 물리학자였던 그는 젊은 시절 진공 실험으로 자연철학의 패러다임을 바꾸었으며, 전 세계인들이 쓰는 계산기를 발명하기도 했다. 그러나 그를 철학자 반열에 올린 것은 미완성 유작인 《팡세Pensées》였다. 《팡세》는 인간의 위대함과 비참함, 이성과 감정의 모순을 담아낸 사색의 파편들로, 파스칼은 그 속에서 인간이 무엇에 설득되고 무엇에 무너지며 무엇으로 다시 일어서는지를 고찰했다. 파스칼이 지적한 핵심은 명확하다. 인생을 바꾸는 행동은 '주어진 이유'에서 비롯되지 않고 시간을 들여 고민하고, 부딪히고, 실패를 반복하며 어렵게 찾아낸 '나만의 이유'에서 비롯된다는 것. 따라서 삶을 변화시키는 동기는 언제나 더디고 비효율적으로 보이는 과정에 숨어 있다고 그는 강조했다.

실제로 하버드 대학에서 진행했던 능동적 학습Active Learning 실험에서도 같은 사실이 입증됐다. 강의로 풀이법을 배운 학생들은 스스로 많이 배웠다고 믿었으나 실제 성과는 낮았다. 반대로 직접 문제를 풀고 탐구한 학생들이 훨씬 높은 성취를 보였다. 이는 파스칼의 주장이 단순한 신념이나 학습법에 머물지 않고, '듣는 설득'과 '몸이 움직이는 설득'의 차이가 학습 능력에 얼마나 큰 영향을 미치는지를 보여준다. 이러한 관점에서 보면, 우리가 강의나 조언에서 즉각적인 깨달음을 얻었다고 믿는 순간조차 착각일 수 있다. 머릿속으로는 이해되는 듯해도, 마음이 진정으로 받아들이지 못한다면 그것은 결국 남의 말에 불과하다.

사람들은 대개 진득한 경험을 통해 얻는 답보다 빠른 답을 선호하는 경향이 있다. 그렇게 얻은 답은 그 속도만큼 빠르게 뇌리를 스쳐 지나갈 뿐이다. 오래 남는 답은 시행착오와 시간이 겹겹이 쌓인 뒤에 찾아오며 지식은 노력과 시간을 들인 만큼 뿌리를 내리고 단단히 자리 잡는다. 그렇기에 설명보다 질문을, 단정보다 여지를 남겨 스스로 사색하며 이유를 찾아야 한다.

파스칼은 말한다.

"연약한 존재일지라도 사색하는 존재라는 점에서 인간은 특별하다."

결국, 사색의 깊이가 인생의 질을 결정한다. 얼마나 많은 조언을 들었느냐보다, 그 조언을 얼마나 깊이 숙고하고 다듬었느냐가 삶의 방향을 가른다. 타인이 준 이유 위에 세운 삶은 쉽게 흔들리지만, 스스로 발견한 이유 위에 세운 삶은 단단하다. 진정한 시작은 말이 아니라 깊은 사색에 있으며, 그 사색이 빚어낸 '나만의 이유'에 있다. 삶이 막막할 땐 외부의 정보보다 나의 해법으로 선택을 이어가라. 마침내 원하던 답을 찾았을 때, 당신의 삶은 확고한 중심으로 흔들림 없이 서게 될 것이다.

Han Fei
한비자

이익 앞에서 의리도, 가족도, 정情도 무너진다

우리는 맹목적으로 인간의 선함을 믿는다. 어릴 적 읽은 동화책은 "착하게 살면 복을 받는다"는 메시지를 반복했고, 사회는 "사람은 본래 착하다"는 믿음을 미덕처럼 가르쳐왔다. 그래서 우리는 가까운 가족, 연인, 친구만은 결코 나를 배신하지 않으리라 생각한다. 그러나 현실은 보란 듯이 그 믿음을 무너뜨렸다. 돈 문제로 갈라서는 형제, 이기심에 등을 돌리는 연인, 이해득실을 따지며 등을 돌리는 친구들. 배신의 순간마다 인간은 선하지만은 않다는 불편한 진실과 맞닥뜨리게 된다. 그럴 때마다 우리는 혼란에 빠진다.

"누굴 믿어야 할까?"

"인간이란 무엇인가?"

이 질문에 대해 전국시대의 철학자였던 한비자는 이렇게 말한다.

"사람은 자신의 이익을 위해서는 부모도 거역한다. 모든 사람이 착하다고 가정하는 것은 가장 위험한 가정이다."

"A person will defy even their parents for the sake of their own interests. To assume that all people are inherently good is the most dangerous assumption."

그의 말은 다소 충격적으로 들리지만, 한비자가 본 인간은 결코 고결한 존재가 아니었다. 이익 앞에서 인간은 언제든 변할 수 있는 영악한 존재였다. 기원전 3세기 전국시대, 피로 물든 권력 다툼 속에서 살아가던 한비자에게 인간은 결코 이상적인 존재가 아니었다. 가장 가까운 관계에서 오히려 쉽게 배신이 싹트고, 이해관계에 따라 변하는 태도는 예외가 아닌 지극히 당연한 일이라고 그는 여겼다. 이 불편한 전제는 오히려 현실을 꿰뚫는 힘을 가졌다. 오늘날 사회를 보더라도, 오랜 시간 충성한 직원을 회사는 하루 만에 구조조정이라는 이름으로 내몰고, 반대로 직원은 더 나은 조건을 제시하는 경쟁사 앞에서 주저 없이 회사를 떠난다. 이것을 단순한 배신이라 할 수 있을까? 한비자에게 이는 인간 본성이 드러난 자연스러운 모습이었다. 문제는 우리가 여전히 '의리'나 '정'이라는 허울 속에 머무르며, 이기심이라는 본질을 외면한다는 점이다.

이 문제에 한비자가 제시한 해법은 분명했다. 인간의 이기심을 바꾸려 하지 말고, 그것을 통제할 제도를 세우라는 것이다. 도덕이나 선의가 아니라, 상벌이 분명한 법과 제도야말로 인간의 본성을 질서 안에 묶어두는 유일한 장치였다. 즉, 이기심을 억누르는 것이 아니라, 제도의 틀 안에서 조율해야 한다는 것이다.

한번 가정해 보자. 만약 우리가 신뢰하는 금융 시스템이 존재하지 않는다면 사람들은 언제든 타인의 재산을 탐하게 될 것이며, 경제 시스템은 순식간에 붕괴할 것이다. 교통 법규가 부재하다면? 운전자들은 오로지 자신의 편의만 추구하며, 도로는 곧 전쟁터로 변모할 것이다. 제도가 존재하기에 각자의 이기심은 최소한의 균형 속에서 공존할 수 있다.

고도의 지능을 가진 사람들로 이루어진 사회 속, 이제는 순진한 믿음만으로는 우리를 보호할 수 없다. 결국 냉철하게 현실을 인식하는 것만이 진정한 지혜이다. 인간 본성에 대한 인정은, 제도와 경계를 구축하고 자신을 보호하는 첫걸음이다. 본성이 그러함을 이해하는 순간, 우리는 더 이상 이상에 속지 않고 현실 위에서 단단히 설 수 있다. 앞으로는 관계를 맺을 때도, 조직을 운영할 때도, 세상을 바라볼 때도 단순한 선의에만 기대지 말라. 제도의 울타리를 세우고, 규칙을 분명히 하고, 원칙을 철저히 지켜라. 그것이야말로 인간의 이기심을 질서 속에 묶어두고, 당신의 삶을 지켜내는 가장 현실적이고도 지혜로운 방법이다.

Ahn Chang-ho
안창호
당신이 지켜온 신념은 결코 헛되지 않다

어느 날, 부산교도소에서 한 남성이 자신의 범행을 자백했다. 그는 바로 화성 연쇄살인 사건의 진범, 이춘재였다. 수십 년간 미제로 남아 있던 사건은 마침내 진실의 실체를 드러내기 시작했다. 그러나 그 사이 한 사람은 억울하게 20년 넘는 세월을 감옥에서 보내야 했다. 윤성여 씨는 모두가 외면하는 순간에도 끝까지 무죄를 주장했고, 뒤늦게나마 명예를 되찾았다. 이미 되돌릴 수 없는 시간이 흘렀지만, 진실은 결국 땅을 뚫고 솟아올라 세상 앞에 모습을 드러냈다. 이 실제 사건을 모티브로 한 영화가 바로 유명한 작품 『살인의 추억』이다. 이 사건은 우리에게 한 가지 메시지를 던진다. 진실은 아무리 늦더라도 반드시 드러난다는 것이다.

도산 안창호 선생님1878~1938의 삶 또한 이를 뒷받침하는 증거였다.

"진리는 반드시 따르는 자가 있고, 정의는 반드시 이루는 날이 있다."

"Truth always has followers, and justice will surely be achieved."

선생님은 화려한 무기를 가진 영웅은 아니셨다. 늘 조용하고 묵묵했지만, 그의 발자취에는 청렴과 진실이 고스란히 남아 있다. 독립운동의 격랑 속에서 감옥을 드나들었으며, 고문과 회유에도 절대 굴하지 않았다. 그는 우리에게 진정한 승리는 타인을 이기는 것이 아니라, 나 자신 안의 두려움과 고독을 이겨내는 것임을 알려주었다. 진실의 길을 걸으며 느끼는 외로움은 패배가 아닌, 단단해지는 과정이다. 고통과 무시, 조롱을 이겨내며, 끝내 꺾이지 않는 뚝심으로 나아가는 것. 그것이야말로 정의가 실현되는 길이다.

거짓과 가식은 화려하게 치장해 당장의 인기를 얻을 수 있지만, 그 토대는 모래와 같아 결국 쉽게 무너진다. 반면 진실은 외롭고 초라해 보여도 묵묵히 지켜내는 이들 덕분에 끝내 빛을 발한다. 어딘가에서 옳지 않은 일을 보며 괜히 나섰다가 욕만 먹을 것 같은 느낌에 외면한 적은 없는가. 친구나 가족의 잘못 앞에서 "굳이 지금 말해야 할까?"라며 침묵한 적은 없는가.

옳은 길은 언제나 고독하다. 그렇다고 그 길을 계속 외면한다면 우리는 결국 모든 용기를 잃게 된다. 반대로 고독을 감내하며 끝내 진실의 편에 선다면, 비록 당장은 인정받지 못하더라도 언젠가 그 선택이 옳았음이 증명되는 날이 온다.

정의는 다수의 환호 속에서 탄생하지 않는다. 오히려 다수가 침묵하는 가운데, 홀로 고독하게 버텨낸 한 사람의 용기에서 비롯된다. 그러므로 안창호 선생께서 감내하신 고독은 결코 패배가 아니었다. 그것은 역사가 나아가야 할 길을 미리 밝혀주는 불빛과 같았다.

나는 고독 속에서 꿋꿋이 자신을 길을 걸어가는 당신에게 말하고 싶다. 당신이 지켜온 신념은 결코 헛되지 않았다는 것을. 당신의 침묵이 아니라, 당신의 고집스러운 외침이 언젠가 세상을 바꿀 것이다. 진실은 더디게 오더라도 반드시 오며, 정의는 멀리 있는 듯 보여도 결코 길을 잃지 않는다. 오늘도 흔들리지 말고 나아가라. 당신의 선택은 옳았으며, 그 선택은 반드시 누군가의 등불이 되어줄 것이다. 당신의 믿음이야말로 인생을 직조하는 가장 근원적인 힘이다.

Ahn Jung-geun
안중근

위험을 피하면 생존이지만, 직면하면 존엄이 된다

오늘날 우리는 얼마나 자주 이익 앞에서 자신을 기만하는가. 성공을 위해 양심을 속이고, 편의를 위해 불편한 진실을 외면하며, 불리해질까 두려워 침묵을 택한다. 겉으로는 지혜로운 처세로 보일 수 있으나, 실은 자신의 영혼을 조금씩 담보로 잡히는 것과 같다. 돈을 벌었다는 이유로 잘했다고 믿고, 자리를 지켰다는 이유로 현명하다고 자위하지만, 그것만으로는 삶의 승리를 말할 수 없다. 진정한 강자는 유혹을 넘어서는 사람, 곧 이익 앞에서도 옳다고 믿는 가치를 굽히지 않는 사람이다. 안중근 의사 역시 그러한 인물이었다.

'견리사의, 견위수명'

'見利思義, 見危授命'

'이익을 보면 의로움을 생각하고, 위태로움을 보면 목숨을 바쳐라.'

안중근1879~1910은 어려서부터 《논어》, 《맹자》, 《손자병법》 등 동양 고전을 탐독하며 이 구절을 평생의 신조로 삼았다. 그는 삶의 가장 큰 시험은 화려한 성취가 아니라, 이익과 정의가 충돌하는 순간임을 간파했다.

"눈앞의 안락을 붙들 것인가, 양심을 지킬 것인가."

그는 이 순간을 피해야 할 위협이 아니라, 영혼의 크기를 드러내는 기회의 순간으로 보았다. 위험을 회피할 때 삶은 생존에 머무르지만, 위험을 직면할 때 비로소 삶은 의미를 갖는다.

그가 이토 히로부미를 향해 방아쇠를 당긴 것은 단순한 복수심이 아닌, 양심을 지키겠다는 결단이자 불의한 권력에 맞선 인간 존엄의 증명이었다. 옥중에서도 그는 《동양평화론東洋平和論》을 집필하며 제국주의를 넘어 인류의 양심과 평화를 역설했다. 그래서 누군가는 그를 정치적 투사라 불렀지만, 또 다른 이는 '도덕의 철학자'라 칭하기도 했다.

우리는 여전히 착각 속에 산다. 이익을 좇으면 삶이 풍요로워질 것이라 믿지만, 사실 이익은 영혼을 빈곤하게 만드는 악마의 유혹일 수 있다. 반대로 의로움은 손해처럼 보일지라도 영혼을 풍요롭게 만든다. 안중근 의사의 짧은 생애가 세대를 넘어 울림을 주는 이유도 여기에 있다. 한 청년이 '이익보다 의로움'을 선택했기에, 그의 영혼은 지금도 살아 숨 쉬고 있다.

그대는 오늘 어떤 선택을 하겠는가. 작은 이익을 좇아 스스로를 기만할 것인가, 아니면 손해를 감수하더라도 옳은 길을 걸을 것인가. 그 대답이 곧 그대의 영혼을 어떤 모습으로 빚어낼지 결정할 것이다.

Jeong Yak-yong
정약용

모두의 이익을 함께 고려한 사람이 끝내 잘된다

2000년대 초, 미국의 거대 에너지 기업 엔론Enron은 마치 세계를 호령할 듯 맹위를 떨쳤다. 그들은 독점적 기술과 화려한 외피로 시장을 장악하며 신화를 써 내려갔다. 그러나 단기 이익만을 좇아 회계 부정을 일삼던 그들의 탐욕은 끝내 파트너의 신뢰를 저버리고, 소비자들의 외면을 샀다. 결국 엔론은 순식간에 파산에 이르렀고, 그 여파는 직원과 투자자, 나아가 사회 전체에 깊은 상흔을 남겼다.

한편, 같은 시대 의류 기업 파타고니아Patagonia는 이와는 전혀 다른 길을 걸었다. '지구를 구한다'라는 사명 아래 회사 이익보다 환경과 협력 업체의 이익을 먼저 고려했다. 불편하고 비효율적이라 여겨진 이 선택은 오히려 더 깊은 신뢰를 낳았다. 파타고니아는 고객과 협력자가 함께 성장하는 모델을 제시하며 지금까지도 존경받는 기업으로 남아 있다. 두 기업의 운명은 극명한 대비를 보여준다. 이익을 독점하려는 삶은 몰락을 부르고, 남의 이익을 먼저 생각하는 태도는 오히려 더 큰 번영으로 이어진다.

조선 후기 실학자 정약용丁若鏞, 1762~1836은 이미 이 원리를 꿰뚫어 보고 있었다. 그가 살던 시대 역시 권력자들은 사적 이익만을 추구하며 백성을 소외시켰고, 사회는 부패와 빈곤에 허덕였다. 정약용은 문제의 뿌리를 '공동체를 외면한 개인의 욕심'에서 찾았다. 그래서 그는 실사구시實事求是, 즉 사실에 근거한 개혁을 외치며, 백성을 살리는 제도와 시스템을 만들고자 했다. 그의 철학은 도덕 교과서가 아니라, 구체적이고 실질적인 사회 개혁안이었다. 그가 말한 핵심은 단순했다.

'이중리위리 이천하안위안'
'以衆利爲利 以天下安爲安'
'무리의 이익을 나의 이익으로 삼고, 천하의 평안을 나의 평안으로 삼는다.'

정약용에게 진정한 성공이란 혼자 잘되는 것이 아니었다. 그는 사회를 유기적인 관계망으로 바라보며, 모두가 함께 번영할 때 비로소 개인의 번영도 가능하다고 보았다. 단기적인 탐욕은 눈앞의 성과를 가져다줄 수 있지만, 결국 관계를 끊고 더 큰 성장을 가로막는다. 반대로 타인의 이익을 먼저 고려하는 선택은 신뢰를 쌓고, 그 신뢰는 다시 나를 지켜주며 더 큰 이익으로 돌아온다.

여기서 중요한 것은 '먼저'라는 순서다. 흔히 "나부터 잘돼야 남을 도울 수 있다"라고 말하지만, 다산은 그 생각을 거꾸로 세웠다. 먼저 남의 이익을 배려하는 용기야말로 내 이익을 두텁게 하는 초석이라는 것이다. 남을 위해 베푼 덕이 결국 나의 안전망이 되고, 타인의 번영이 결국 나의 번영을 이끌어낸다.

생각해 보면 우리의 삶도 다르지 않다. 직장에서 동료의 성취를 시기하기보다 그의 성취에서 배우려 할 때 내 가능성이 열린다. 관계 속에서 작은 손해를 감수하고 상대를 먼저 세워줄 때, 시간이 지나면 그 관계는 예상치 못한 기회로 돌아온다. 반대로 모든 상황에서 내 몫만 챙기려 하면, 당장은 이득 같아 보여도 결국 고립된 채 더 큰 기회를 잃게 된다.

성공은 혼자 정상에 서는 일이 아니다. 나를 둘러싼 관계 전체가 함께 성장할 때 비로소 진정한 성공이 완성된다. 남의 이익을 먼저 생각하는 삶은 결국 나를 가장 크게 이롭게 하는 가장 현명한 길임을 잊지 말아야 한다.

Kim Gu
김구

불가능에 도전하지 않으면 불가능은 영원히 남는다

우리는 흔히 편안한 삶을 갈망한다. 예측 가능한 직장, 무난한 인간관계, 위험을 피할 수 있는 선택. 실패하지 않기 위해 미리 움츠리고, 모험 대신 안전을 택한다. 그러나 역사는 언제나 불편을 감수하고, 안전을 뒤로한 이들에 의해 다시 쓰였다. 김구 선생 역시 그러했다.

"도전하지 않으면 내가 가고 싶은 곳에 절대 이를 수 없다. 나를 넘어서야 이곳을 떠날 수 있고, 나를 이겨내야 원하는 곳에 다다를 수 있다."

"If I don't challenge myself, I will never reach the place I want to be. I must surpass myself to leave where I am, and overcome myself to arrive where I truly want to go."

김구 선생1876-1949은 독립운동가이자, 운명을 스스로 극복한 철학자였다. 젊은 시절 의병으로 싸우다 감옥에 갇혀 사형을 기다리던 그는 신앙과 사색으로 자신을 다시 세웠다. 상해 임시정부에서 분열과 좌절을 거듭 마주했음에도 절대 물러서지 않았다. 김구 선생에게 독립은 단순한 외부적 자유가 아니었다. 그것은 자기 안의 나약함을 넘어서는 길이었다. 그는 인간이 자신을 초월하는 순간에만 진정한 자유에 도달할 수 있다고 믿었다.

그가 바라는 건 단 하나, 바로 대한독립이었다. 그것은 개인의 안위와 가족의 평안, 심지어 생명까지 내려놓으면서도 끝내 붙든 단 하나의 간절함이었다. 그에게 독립은 단순한 목표가 아니라 매일 자신을 초월해야 하는 투쟁이었고, 한순간의 안락조차 허락하지 않는 삶의 전부였다.

오늘날 우리에게도 가슴 한편에 간직한, 그러나 점점 멀어지고 있는 어떤 간절함이 있을 것이다. 언제부턴가 가슴은 더 이상 뛰지 않고, 절박함도, 열정도 사라져 버렸다. 불안한 도전보다 아무것도 하지 않을 때의 안정감이 더 편하다고 믿기 때문이다. 그러나 이런 삶은 결국 무의미로 귀결된다. 세상에 나 하나 없어도 아무 문제 없다는 체념 속에서, 하루는 쳇바퀴처럼 반복된다.

삶은 편안함으로 평가되지 않는다. 얼마나 치열하게 부딪혔는가로 평가된다. 편안함은 우리를 보호하는 것 같지만, 결국 한 발짝도 앞으로 나아가지 못하도록 가둔다. 반대로 위험 속에서 내딛는 한 걸음은 두렵지만, 오직 그곳에서만 새로운 가능성이 움튼다. 김구 선생은 편안할 권리를 과감히 내려놓았다. 그 선택이 그를 단순한 지도자를 넘어, 자기 극복의 상징으로 만들었다.

지금 나를 붙잡고 있는 '안전지대'는 무엇인가. 버겁다고 포기한 꿈, 익숙하다는 이유로 이어가는 관계, 안정적이라는 말에 숨죽이며 다니는 직장. 그러나 그것이야말로 가장 큰 불행일 수 있다. 삶의 진정한 의미는 안락함 속에 있지 않다. 그것은 내 힘으로 할 수 없는 일 앞에서 불가능에 도전하며, 매일 나를 넘어서는 데 있다.

김구 선생은 여전히 우리에게 묻는다.

"당신은 어디까지 자신을 넘어설 준비가 되어 있는가?"

간절한 무언가를 붙들고, 그 무게 앞에 당당히 서라. 그 순간 당신의 삶은 단순한 생존이 아니라, 뜨겁게 살아 있는 하나의 투쟁이 된다.

Lee O-young
이어령

학력과 자격증으로는 절대 지성인이 될 수 없다

우리는 지금, 더 많은 앎에 집착하는 시대를 살아가고 있다. 책장을 가득 메운 전공 서적, 수십 개의 자격증, 끝없이 이어지는 온라인 강의 목록. 그러나 과연 그 많은 앎이 곧 지식을 보장하는가? 단언컨대 그렇지 않다. 지식의 양에 기대어 거만해지는 순간, '미성숙한 지식인'에 머물고 만다. 타인의 무지를 조롱하거나, 학력과 경력을 끊임없이 나열하는 태도는 지식의 풍요가 아니라 내면의 빈곤을 드러내는 행위일지도 모른다. 허세와 자랑은 흔히 '자랑 중독자'의 습관처럼 되풀이되곤 하는데, 이는 결국 지식이 삶으로 스며들지 못했음을 보여주는 명백한 증거다. 진정한 지식은 책상 위의 숫자나 박사 학위 안에 머물러 있지 않다. 그것은 어떻게 행동하고, 타인을 어떻게 대하며, 시대와 어떻게 호흡하는지에서 비로소 드러난다. 바로 이 지점에서, 우리는 지식에 대해 다시금 숙고하지 않을 수 없다.

"지식은 글자가 아닌, 삶의 모범이다."

"Knowledge is not letters on a page, but a model of life."

이러한 맥락에서 이어령 선생의 삶은 수많은 한국인이 본받아야 할 지식인의 표상이었다. 그는 평생 언어와 사유의 최전선에 섰지만, 지식 그 자체를 자랑처럼 내세우려 하지 않았다. 오히려 그는 글과 말을 통해 우리 사회가 어디쯤 와 있는지, 무엇을 간과하고 있는지를 끊임없이 질문했다. 저서 《지성에서 영성으로》에서 그의 사유는 단순한 학문적 탐구를 넘어, 인간과 사회가 어떻게 살아가야 하는가에 대한 심오한 질문을 제기했다. 지식은 권력의 도구가 아니라 시대와 사람을 향한 예민한 감각으로 걷어 올려야 한다는 것이다. 그는 단순한 학자가 아니라, 시대를 함께 걸어간 동반자적 지식인이었다.

지식은 현장에 설 때 비로소 발현된다. 연구실의 통계 분석을 넘어, 거리의 울음소리와 연결될 때 지식은 비로소 인간의 얼굴을 띤다. 지식은 책 속에 머물면 차갑게 굳지만, 경험으로 승화시킬 때 따뜻하게 살아 움직인다. 이어령 선생은 이 점을 누구보다 잘 알았다. 그는 지식을 '단어의 모음'이 아닌, '시대를 번역하는 감각'이라고 정의했다.

지식은 결국 우리가 살아가는 현실 그 자체다. 우리는 시대의 흔들림 속에서 가장 먼저 질문을 던질 줄 알아야 한다. "우리가 잃어버린 것은 무엇인가?", "이 변화 속에서 인간은 어떻게 살아야 하는가?", "나는 어떤 존재인가?"라는 성찰의 질문까지도. 이러한 질문이 없는 지식은 그저 공허한 장식에 불과하다. 그러나 그 질문에 답을 구하는 순간, 활자 속에 머물던 지식은 세상을 잇는 다리가 되고, 나와 타인, 더 나아가 세상을 변화시키는 씨앗이자 누군가의 삶을 밝히는 불씨가 된다.

이제 이어령 선생이 남긴 질문은 우리에게 넘어왔다. 당신의 지식은 어디에 닿아 있는가? 머릿속 장식으로만 남아 있는가, 아니면 누군가의 하루를 밝히는 불빛으로 쓰이고 있는가.

Jean-Jacques Rousseau
장 자크 루소

사슬 해체법: 묶여있으면서 자유로운 척하지 마라

인간은 태어날 때부터 자유의지를 지닌 존재이다. 그러나 탄생의 순간부터 살아가는 내내 수많은 규범과 관습이라는 '보이지 않는 쇠사슬'에 얽매이게 된다. 법과 제도, 사회적 기대, 전통과 관습…. 멀리서 보면 자유롭게 사는 것처럼 보이지만, 정작 그 발아래엔 익숙함이라는 이름의 족쇄가 채워져 있다. 이렇게 보니 의아함이 든다. 정말로 우린 '자유의지'를 가지고 있는 것인가? 철학자 장 자크 루소의 관점에 따르면 이는 반은 맞고 반은 틀린 것이다.

"인간은 자유롭게 태어났건만, 곳곳에서 쇠사슬에 묶여 있다."
"Man is born free, but he is chained everywhere."

프랑스의 계몽주의 철학자 루소는 인간이 기본적으로 가지고 태어난 본성을 신뢰했다. 개인은 모두 특별하며, 자신의 가치와 존재 이유를 가진 채 태어난다. 그러나 문명과 사회 제도는 이를 훼손하고, 인간은 그 속에서 점점 자유를 상실하게 된다. 《사회계약론》에서도 그는 "진정한 자유는 타인의 의지에 예속되지 않는 상태"라 말했다. 루소가 말한 자유는 자기중심적 행동이 아니다. 그에게 진정한 자유란 외부 질서에 맹목적으로 복종하는 것이 아니라, 이성적 성찰을 통해 스스로 규칙을 '선택'하는 데 있었다.

그러나 대다수는 자신이 따르는 규칙의 기원을 알지 못한다. 유구한 전통이라는 이유로, 혹은 오랫동안 유지해 왔다는 이유만으로, 어떤 질서는 아무런 질문 없이 받아들여진다. 체벌, 차별, 성역할 고정관념 등이 한때 당연하게 여겨진 이유가 바로 여기에 있다. 보통 "왜 그런가요?"라는 질문 대신, "원래 다 그런 거야"라는 말이 먼저 나온다. 하지만 질문이 없는 질서는 자유 없는 사회와 다를 바 없다.

그렇다면 진정한 자유를 위해 우리는 모든 질서와 규칙을 파괴해야 하는가? 이에 루소는 단호하게 고개를 가로젓는다. 그는 진정한 자유를 위해서는 질서를 무너뜨리는 것이 아닌, 누구에게나 공정하고 개인의 존엄을 지킬 수 있는 '새로운 합의'를 만들어야 한다고 말한다. 결국 진정한 자유는 무질서에서 비롯되는 것이 아니라, 과거를 해체하고 현재를 성찰하며 미래를 재구성하는 온고지신의 자세와 같다고 할 수 있다. 따라서 우리가 익숙하게 받아들이는 것들에 대해 '지금 이 시대에도 여전히 유효한가?'라는 질문을 끊임없이 던져야 한다.

다음은 내 안의 쇠사슬을 의심하게 하는 세 가지 질문이다.

1. 나는 어떤 '규칙'이나 '관습'을 당연하게 여기고 있는가?
2. 지금 내가 다르는 삶의 방식은 스스로 선택한 것인가? 아니면 타인의 기대에 의한 것인가?
3. 현시대에도 그 가치는 여전히 유효한가? 아니면 과거의 유산에 불과한가?

이런 노력에도 불구하고 벗어던지기 힘든 사슬은 여전히 많다. 이름, 성별, 가족, 학벌, 나이 등 이 모든 것은 우리가 태어나는 순간부터 따라붙는 꼬리표와 같다. 세상은 우리에게 꼬리표에 걸맞은 행동을 기대한다. 그러나 잊지 말아야 한다. 쇠사슬은 어디에나 존재하지만, 우리는 모두 자유로운 존재로 태어났다는 것을. 진정한 자유는 그저 주어지는 것이 아니라 질문하고, 의심하며, 자신만의 방식으로 삶의 방향을 선택할 때 비로소 얻게 된다.

따라서 우리는 먼저 내면의 쇠사슬을 인식하고 그것을 하나

썩, 천천히 벗어던져야 한다. 그 과정은 고통스럽고 더딜 수 있지만, 바로 그 길 위에서 진정한 자유를 배울 수 있다. 자유란 주어진 것이 아니라, 끝내 스스로 걸어가야 하는 길이기 때문이다.

Daniel Dennett
대니얼 데닛
뇌가 만든 환상:
"나는 원래 이런 사람이야"

우리는 매일 끝이 사소한 전투를 치른다. 아침 알람이 울릴 때면, 귓가에 맴도는 '5분만 더'라는 유혹과 '지금 일어나야 해'라는 다짐이 팽팽히 맞선다. 저녁에는 '오늘은 꼭 운동해야지'라며 다음을 다잡지만, 어느새 '내일 해도 괜찮잖아'라는 핑계로 무너진다. 술을 줄이겠다고 다짐하면서도 친구의 권유에 흔들리고, 야식을 끊겠다 선언하고서도 무심코 배달 앱을 연다. 이러한 순간마다 우리는 자유의지를 시험대에 올리지만, 동시에 그 자유가 얼마나 덧없이 흔들리는지를 뼈저리게 실감한다. 여기서 우리는 한 가지 자문할 수 있다.

"나는 내 삶의 주인인가, 아니면 습관과 충동의 노예인가?"

철학자 대니얼 데닛은 이 질문을 평생 붙들고 씨름했다. 그는 사람들에게 냉정한 진실을 던진다.

"자유의지는 주어진 선물이 아니다. 그것은 길러내야 하는 기술이다."

"Free will is not a gift given. It's a skill that needs to be nurtured."

대니얼 데닛1942~2024은 미국을 대표하는 철학자이자 인지과학자였다. 그의 대표작 《의식은 어떻게 생겨났는가Consciousness Explained》에서 그는 의식을 '뇌가 빚어낸 이야기'라고 정의했다. 우리가 신비롭게 여겨온 의식은 초월적 영혼이 아니라, 생존을 위해 뇌가 설계한 정보 처리 시스템이라는 것이다. 즉, 의식은 설명 불가능한 신비가 아니라 생물학적으로 설명할 수 있는 과정이라는 점을 강조했다.

이러한 관점은 자유의지에 대한 정의 또한 새롭게 정립했다. 데닛에게 자유는 '무엇이든 할 수 있는 힘'이 아니라, 더 많은 정보를 활용해 더 나은 선택을 가능하게 하는 역량이었다. 흔히 '나는 자유롭게 선택한다'고 믿는 순간조차 사실은 뇌가 만들어낸 패턴과 습관이 작동하는 것에 불과하다는 얘기다.

예컨대 습관을 바꾸려 할 때 많은 사람은 강한 의지력을 떠올린다. 그러나 데닛은 의지를 순간의 결단이 아닌, 반복된 훈련과 작은 성공 경험으로 보았다. 담배를 줄이거나 운동을 꾸준히 이어가는 것은 '오늘 완벽히 해내는가?'의 문제가 아니라, 매일 조금씩 자유를 단련하는 과정에 달려 있다는 것이다. 그는 또한 '나는 원래 이런 사람이야'라는 자기규정에도 의문을 던졌다. 의식이 뇌가 써 내려간 이야기라면, 그 이야기는 언제든 다시 고쳐 쓸 수 있기 때문이다. 게으름도 두려움도 굳어진 운명처럼 보일 뿐, 결국은 다시 쓸 수 있는 존재일 뿐이다. 따라서 자유란 타고난 본성이 아니라, 스스로 다시 써 내려가는 능력이다.

데닛은 자유의지를 개인의 차원을 넘어 사회적 맥락에서 조망했다. 인간의 선택은 집단 지성과 협력 속에서 확장되며, 사회적 네트워크는 혼자서는 보지 못할 정보를 제공한다. 결국 자유는 혼자일 때보다 함께할 때 비로소 넓어진다.

자유는 결코 신비로운 힘이 아니다. 자유는 반복된 선택 속에서 연마되는 실용적인 기술이다. 오늘 내리는 사소한 결정 하나가 내일의 나를 더욱 현명하게, 혹은 무기력하게 만들 수 있다. 그러니 알람을 끄고 다시 눕는 순간조차 훈련의 기회임을 기억하라. 다시 일어나 한 걸음을 내딛는 바로 그 순간, 자유의지는 성장한다.

Martha Nussbaum
마사 누스바움

행복은 소유가 아니라, 발휘할 수 있는 능력이다

왜 사람들은 기회를 앞에 두고도 막혀 있다고 느낄까? 겉으로는 모든 조건을 갖춘 듯 보이는데도, 정작 삶이 앞으로 나아가지 못한다는 답답함에 갇혀버린다. 안정된 직장, 오르는 연봉, 무난한 관계와 사회적 인정까지. 우리는 늘 그것들이 행복으로 가는 열쇠라고 배워왔다. 그러나 막상 손에 넣고 나면 알 수 없는 공허가 따라붙는다. 성취는 쌓였는데, 왜 삶은 여전히 빈칸처럼 느껴지는가?

철학자 마사 누스바움은 이 역설에 행복의 본질을 짚어왔다. 행복은 무엇을 소유했는지가 아니라, 내가 어떤 가능성을 펼쳐낼 수 있는지에 달려 있다는 것이다.

"인간의 존엄성은 능력을 실현할 수 있을 때 완성된다."

"Human dignity is fulfilled when our capabilities are realized."

시카고대학교에서 철학과 법학을 가르치며 현대 인문학의 지형을 바꾼 마사 누스바움1947~은 경제학자 아마르티아 센과 함께 '능력 접근capabilities approach'을 제시했다. 단순히 소득이나 재산이 아니라, 실제로 어떤 삶을 살아갈 수 있는지가 진정한 복지와 정의의 기준이라는 것이다. 그러나 사람들은 오랫동안 행복을 소유와 동일시해 왔다. 그들은 더 좋은 직장, 더 높은 지위, 더 큰 집과 차를 맹목적으로 추구하며 살아간다. 이에 누스바움은 묻는다.

"배움의 기회가 막히고 차별로 인해 목소리를 낼 수 없다면, 아무리 많은 돈을 가졌더라도 존엄한 삶이라 할 수 있는가?"

사회가 진정으로 건강해지려면 모든 사람이 잠재력을 온전히 발휘할 수 있는 조건을 마련해야 한다고 그녀는 말한다. 약자와 소수자가 능력을 마음껏 펼칠 수 있을 때 사회 전체가 풍요로워진다.

누스바움은 또한 감정의 중요성을 강조했다. 우리는 흔히 감정을 억누르는 것을 성숙이라 착각하지만, 그녀는 감정을 인간 존엄의 토대이자 공동체를 지탱하는 자원으로 보았다. 두려움, 연민, 사랑 같은 감정은 단순한 충동이 아니라, 우리가 무엇을 소중히 여기는지를 드러내는 신호체계다. 감정을 억압할수록 우리는 스스로와 멀어지고, 타인과도 단절될 수밖에 없다.

결국, 존엄과 행복은 잠재력과 감정이 만나는 지점에서 완성된다. 감정은 우리가 어떤 가능성을 실현할지 방향을 잡게 하고, 가능성은 감정에 생명력을 부여한다. 분노는 정의감의 뿌리가 될 수 있고, 연민은 공동체를 묶는 끈이 된다. 기회 앞에서 막막함을 느낀다면, 먼저 내 안의 감정에 귀 기울이고 그것을 삶의 가능성과 연결하라. 인간다움은 거창한 영웅심이 아니라, 매일의 가능성을 감정과 함께 존중하며 살아가는 순간 속에서 가장 선명하게 드러난다.

Peter Albert David Singer
피터 앨버트 데이비드 싱어
점심 한 끼 값으로
누군가의 생명을 구하는 방법

"당신의 점심값이 누군가의 생명값이라는 생각을 해본 적 있는가?"

우리는 커피 한 잔과 케이크 세트에 만 원을 쓰는 데 주저하지 않는다. 그러나 같은 돈으로 아프리카의 아이가 말라리아 모기장을 받아 생명을 구할 수 있다는 사실은 대개 간과된다. 이는 무지가 아니라, 가까운 쾌락에는 관대하면서도 먼 고통에는 무심한 인간의 습관에서 비롯된다. 피터 싱어1946~는 바로 이 불편한 진실을 직시하며, 우리의 선택이 어떤 실제적 결과를 낳는지 성찰해야 한다고 강조한다.

"만약 우리가 할 수 있는데 하지 않는다면, 우리는 그 고통에 대한 책임이 있다."

"If we can but we don't, we are responsible for the pain."

피터 싱어는 호주 출신의 현대 윤리 철학자로서, 공리주의 전통을 계승하여 도덕적 판단의 기준을 '최대 다수의 최대 행복'에 두고 있다. 그의 저서 《동물 해방》은 인간 중심의 도덕관에 도전하며 동물권 운동을 확산시켰고, 이후 그는 '나눔의 윤리'를 구체적인 실천의 영역으로까지 확장시켰다.

그의 문제의식은 간명했다. 우리는 왜 눈앞에서 익사하는 아이는 기꺼이 구하면서, 지구 반대편의 위기에 처한 아이에게는 무심한가? 우리의 지갑은 늘 당장의 욕구를 향하기 때문이다. 허기, 연민, 즐거움 같은 즉각적인 감정은 소비를 불러일으키지만, 커피·디저트·오락 같은 일상의 지출은 타인의 생명을 살릴 수 있는 기회가 있었음에도 우리는 여유가 없다는 말로 모든 걸 합리화한다.

이에 피터 싱어는 효과적 이타주의Effective Altruism를 제안했다. 같은 돈이라도 가장 많은 생명을 살릴 수 있는 곳에 기부하는 '효율적인 선행'이야말로 진정한 윤리적 선택이라는 것이다. 매달 커피 몇 잔 값을 아껴 검증된 구호 단체에 정기적으로 기부하는 일, 반려동물에 대한 애정을 확장해 공장식 축산의 현실을 외면하지 않는 것, 육식을 줄이는 것 등 작은 변화들이 모여 세상의 고통을 줄이는 동시에, 나의 존재를 더 넓은 세계와 연결해 준다.

여기서 중요한 것은 '나눔은 곧 자기희생'이라는 오래된 오해를 깨는 일이다. 효과적 이타주의는 오히려 우리의 삶을 더욱 풍요롭게 한다. 누군가의 고통을 줄이는 데 이바지한다는 자각은 단순한 만족감을 넘어, 존재의 의미를 새롭게 정립하는 과정이 된다. 나의 작은 울타리를 넘어 타인의 삶과 맞닿는 순간, 우리는 소비와 소유를 넘어선 존재로 확장된다.

피터 싱어가 던지는 질문은 불편하지만 피할 수 없다.

"오늘 당신이 지불한 점심값은 어디로 향했는가?"

세상을 바꾸는 힘은 결코 멀리 있지 않다. 우리가 반복하는 작은 선택 속에서, 누군가의 생명과 존엄이 달려 있다. 점심 한 끼의 가벼운 소비가 누군가에게는 삶과 죽음을 가르는 무게가 된다. 나의 울타리를 넘어선 순간, 삶은 단순한 생존이 아니라, 더 큰 인간다움으로 확장된다.

우리가 흘려보낸 작은 금액은 누군가의 밤을 지켜주고, 한 사람의 내일을 밝힌다. 이 사실을 의식하는 순간, 소비는 더 이상 사라지는 돈이 아니다. 그것은 의미로 전환되고, 나를 성장시키는 더 큰 흐름으로 다시 돌아온다. 삶의 가치는 내가 쥔 것을 움켜쥐는 데 있지 않다. 내가 가진 것을 어떻게 나눌 때 가장 빛나는지를 아는 데 있다.

Michel de Montaigne
미셸 드 몽테뉴

승진, 성과, 소유에도 갈증이 더 커지는 이유

나는 삶을 _____ 하기 위해 태어났다.

당신은 이 빈칸에 어떤 단어를 넣을 것인가. 더 많이 소유하기 위해? 남들보다 높이 오르기 위해? 아니면 타인의 인정을 받기 위해? 우리는 이 질문 앞에서 종종 망설인다. 아마도 답을 하려다 생기는 많은 고민 때문일 것이다. 끊임없이 더 많은 것을 가지려 애쓰지만, 정작 만족은 점점 줄어든다. 더 큰 집을 얻어도 공허하고, 더 비싼 차를 몰아도 금방 허무해진다. 충만해지기 위해 쫓았던 것들이 오히려 공허를 더 크게 만드는 아이러니. 이것이야말로 현대인의 삶이 지닌 근원적인 모순이다. 16세기 프랑스에서 살았던 미셸 드 몽테뉴 역시 같은 아이러니를 경험했을 것이다.

"나는 삶을 가능한 한 충만하게 살기 위해 태어났다."
"I am born to live as fully as I can."

프랑스 르네상스 사상가 미셸 드 몽테뉴1533~1592는 이 모순을 가장 예리하게 간파한 인물이다. 귀족이자 정치가였던 그는 권력 투쟁과 종교 전쟁이 만연했던 시대를 살았다. 세상의 혼란 속에서 그는 외부가 아닌 내면으로 침잠했다. 내면의 바다를 탐구하며 쓴 《수상록》을 통해 그는 인류에게 자신의 사유를 전했다.

몽테뉴가 말하는 '충만하게' 산다는 것은 단순히 더 많은 것을 소유하는 것이 아니었다. 그는 소유보다는 성찰을, 경쟁보다는 관조를, 결핍보다는 충족을 택해야 인간이 삶의 본질을 찾을 수 있다고 보았다. 그의 철학을 압축하면 두 가지이다.

첫째, 자기 성찰이다. 몽테뉴는 타인의 잣대로 평가받는 삶을 거부했다. 그는 끊임없이 자기 내면을 탐구하며, 진정한 자유는 외부가 아닌 자기 안에서 발견된다고 역설했다. 그는 실제로 사소한 경험조차 자신에게 자문하는 습관을 들였다. '내가 지금 느끼는 두려움은 무엇인가?', '이 기쁨은 어디에서 오는가?', '내가 내린 판단은 타인의 시선 때문인가?', '아니면 나 자신의 목소리인가?' 등이 그러했다.

둘째는 판단 중지epoché다. 그는 타인의 말, 외부 상황 유입이 있어도 성급히 단정하지 않고, 멈추어 의심하며 열린 가능성 속에서 이성을 유지하는 태도를 중시했다. "나는 모른다"라는 겸손의 태도, 그 속에서 삶의 균형을 되찾는 것이다.

 오늘날 우리는 흔히 착각에 빠진다. 승진만 하면, 성과만 달성하면, 원하는 것을 소유하면 행복해질 것이라고. 그러나 도착한 자리에서 우리를 기다리는 건 또 다른 결핍과 불안일 뿐이다. 바닷물을 마실수록 갈증이 심해지듯, 소유에 집착하는 삶은 끝없는 갈증만 키운다. '더 많이 가져야 충만하다'라는 환상에 갇힌 우리에게 몽테뉴의 철학은 더욱 절실하다. 충만은 목표 달성에서 오는 것이 아니라, 현재를 있는 그대로 받아들이고 "나는 충분하다 I am enough."라는 자각에서 비롯된다. 더 높이 오르지 않아도, 더 많이 가지지 않아도, 지금 이 자리에서 이미 살아 있음을 경험하는 것. 따뜻한 차 한 잔, 방을 정리하는 일, 친구와의 짧은 대화, 스스로에게 던지는 질문 한 줄은 공허한 마음을 채우는 보석이다. 당신은 특별한 성취가 아니라 평범한 순간의 깊이를 알아차리는 태도를 가지고 있는가?

 몽테뉴는 말한다. 끝없는 비교와 소유의 환상에서 벗어날 때, 비로소 삶은 충만해진다고. 더 가질 필요도, 더 오를 필요도 없다. 나만의 기준으로 주어진 하루에 몰입하고, 작은 행복에 집중하면 당신은 충만을 뛰어넘는 만족감으로 삶을 영위할 수 있을 것이다.

Aurelius Augustinus
아우구스티누스
과거에 묶이고, 미래에 달아나며, 오늘을 잃어버린 인간들

우리는 왜 늘 지나간 과거를 곱씹거나, 다가오지 않은 미래의 걱정에 매달릴까. 출근길 지하철이나 자려고 누웠을 때 '그때 그렇게 하지 말 걸' 하고 후회하다가도, '앞으로 잘되면 괜찮아지겠지' 하며 자신을 위로하기 바쁘다. 그러나 정작 오늘이라는 하루가 어디로 흘러가고 있는지는 제대로 인지하지 못하고 있다.

아우구스티누스354~430는 이 문제를 누구보다 깊이 고민했던 고대 로마 철학자다. 젊은 시절 방탕과 방황을 거쳐 서른을 넘긴 뒤에야 신앙과 철학에 몰두했고, 이후 기독교 신학과 서양 철학의 흐름을 바꾸어 놓았다. 그의 대표작 《고백록》에서 이렇게 말한다.

"과거는 기억 속에 있고, 미래는 기대 속에 있으며, 현재는 주의 깊음 속에 있다."

"The past is in our memory, the future in our

anticipation, and the present in our attention."

그는 시간은 절대적인 것이 아니라, 각 개인의 의식 속에서 경험되는 주관적 흐름이라 보았다. 어제를 떠올리는 것도 지금의 마음이며, 내일을 그리는 것도 지금의 상상이다. 그렇다면 실제로 존재하는 시간은 오직 현재뿐이라는 것이다.

그렇다면 우리는 왜 현재를 피하려 할까? 아우구스티누스는 그것이 인간의 본성이라고 보았다. 불완전한 존재인 인간은 늘 어제의 흔적에 얽매이거나 내일의 가능성으로 달아나려 한다. 그러나 그는 동시에 이 또한 착각이라 말한다. 기억은 늘 왜곡되고, 기대는 본질적으로 불확실하기 때문이다. 결국 우리가 붙잡을 수 있는 건 오직 '지금의 주의 깊음'뿐이다.

1970년대 스탠퍼드대학교의 '마시멜로 실험'은 이를 잘 보여준다. 아이들에게 눈앞의 마시멜로를 지금 먹으면 하나, 15분을 기다리면 두 개를 주겠다고 제안했다. 아이들은 처음엔 고민했지만 끝내 당장의 유혹을 이기지 못했다. 그러나 몇몇 아이들은 끝까지 기다렸다. 수십 년 뒤 연구진이 이들의 삶을 추적한 결과, 15분을 기다린 아이들은 학업, 경력, 인간관계에서 더 높은 성취를 보였다. 흥미로운 점은 결과를 가른 것이 '미래를 상상하는 능력'이 아니라, '현재를 어떻게 다루느냐'였다는 것이다. 미래의 보상을 얻기 위해 현재의 유혹을 다스리는 힘, 이것이 아우구스티누스가 말한 '현재의 무게'다.

우리는 왜 당장의 일에 집중하지 못할까? 아마도 대부분 현재를 붙드는 훈련을 받아본 적이 없기 때문이다. 학교에서는 과거의 역사와 미래의 꿈을 배웠지만, '지금'이라는 시간을 다루는 법은 배우지 못했다. 그래서 우리는 오늘을 흘려보내면서도 동시에 오늘을 잃어버린 불안에 시달린다.

이 문제에 해답은 의외로 단순하다. 오늘의 말은 오늘 하고, 오늘의 일은 오늘 하라는 것이다. 과거는 이미 지나갔고, 미래는 아직 오지 않았다. 현재에 마음을 쏟지 못한다면 우리는 어디에도 존재하지 않는 시간을 살게 된다. 현재에 집중하는 의식이 없다면 우리가 바라는 어떠한 미래도 열리지 않는다.

아우구스티누스는 평생을 고백하며 깨달았다. 인간은 과거를 바꿀 수 없고, 미래를 장담할 수도 없다. 그렇기에 우리가 가장 집중해야 할 시간은 지금, 이 순간이다. 오늘 만나야 할 사람, 미뤄온 작은 일, 혹은 잠시 눈을 감고 숨을 고르는 그 순간. 이런 현재의 경험이 쌓일 때 비로소 우리는 시간의 주인이 된다.

에필로그

책장을 덮는 지금, 당신은 한 가지 선택 앞에 서 있다. 계속 변명할 것인가, 아니면 새로운 태도로 다시 발을 내딛을 것인가. 세상은 언제나 "네 잘못이 아니다"라고 속삭이지만, 그 말을 믿는 순간부터 우리는 아무것도 바꿀 수 없게 된다.

나는 단호히 말한다. 삶은 당신이 어디에 책임을 두는가에 따라 전혀 다른 얼굴을 드러낸다. 책임을 남에게 돌리면 인생은 지옥이 되고, 책임을 스스로 짊어지면 인생은 다시 길을 만들어낸다. 두 얼굴의 차이는 종이 한 장처럼 얇지만, 그 경계를 건너는 순간 삶은 완전히 달라진다.

철학자들이 평생을 걸어 추구했던 것도 바로 이 지점이었다. 소크라테스는 아테네 광장에서 "너 자신을 알라"는 말을 수없이 던졌다. 루소는 인간이 스스로 만든 사슬에 묶여 있다고 외쳤고, 칸트는 인간이 이성의 용기를 낼 때만 자유로워진다고 했다. 모두 다른 말을 했지만, 결국 같은 메시지를 남겼다. 당신의 삶은 당신이 선택하는 생각의 방향에 의해 완성된다는 것이다.

그렇다면 묻고 싶다. 지금까지의 당신은 어떤 얼굴을 선택해 왔는가. 타인의 인정에 목을 매며 살아왔는가, 아니면 자신만의 기준을 세우며 걸어왔는가. 실패에 무너져 모든 걸 운명이라 합리화했는가, 아니면 다시 일어나 나만의 길을 개척했는가.

우리 모두 수없이 무너진다. 그러나 진짜 비극은 무너짐 그 자체가 아니다. 무너짐을 통해 아무것도 배우지 못하는 것이다. 철학은 바로 그 배움의 기술이다. 고통을 무의미한 상처로 남기지 않고, 삶을 새롭게 짜는 힘으로 바꾸는 기술. 그것이 철학이 우리에게 주는 단 하나의 선물이다.

이 책이 던진 수많은 메시지를 다 기억하지 않아도 좋다. 단, 세 가지 질문만 붙들어라.

"나는 지금 누구의 기준으로 살고 있는가."
"나는 실패를 끝이라 부르고 있는가, 시작이라 부르고 있는가."
"나는 오늘 하루를 책임질 용기가 있는가."

이 질문이 당신의 일상 속에 뿌리내리는 순간, 인생은 완전히 달라질 것이다.

책의 마지막 페이지에서 나는 달콤한 위로를 건네고 싶지 않다. 오히려 냉혹한 진실과 열정을 다시 전하고 싶다. 삶은 당신이 바꿀 수 있다. 단, 지금 시작한다면. 내일도, 언젠가도 없다. 기회는 오직 지금뿐이다. 그러니 이제는 더 이상 인생을 탓하지 마라. 외부의 부조리를 욕하기 전에, 내 안의 기준을 세워라. 그 기준 위에서만 자유가 시작된다. 그 기준 위에서만 사랑이 진짜가 되고, 실패마저 내 편이 된다.

나는 믿는다. 당신이 이 책에서 단 세 문장만 붙들어도, 인생은 새로운 궤도를 그리게 될 것이다. 그것은 거창한 기적이 아니라, 단단한 결단의 반복에서 온다.

기억하라. 인생은 바깥이 아니라 당신의 태도에 따라 달라진다.

그리고 삶이 흔들린다면, 이 말을 끊임없이 되새기길 바란다.

"우리는 인생을 탓하며 살아가도록 태어나지 않았다.
우리는 인생을 창조하며 살아가기 위해 태어났다."